AF413218

Todos los libros de Linkgua Ediciones cuentan con modelos de Inteligencia Artificial entrenados por hispanistas. Pregúntale al chat de tu libro lo que desees acerca de la obra o su autor/a.

Para ebooks: Accede a nuestro modelo de IA a través de este enlace.

Para libros impresos: Escanea el código QR de la portada con tu dispositivo móvil.

Obtén análisis detallados de nuestros libros, resúmenes, respuestas a tus preguntas y accede a nuestras ediciones críticas generativas para una experiencia de lectura más enriquecedora.
La transparencia y el respeto hacia la autoría de las fuentes utilizadas son distintivos básicos de nuestro proyecto. Por ello, las respuestas ofrecen, mediante un sistema de citas, las fuentes con las que han sido elaboradas.

Ricardo Palma

Tradiciones en salsa verde

Barcelona 2024
Linkgua-ediciones.com

Créditos

Título original: Tradiciones en salsa verde.

© 2024, Red ediciones S.L.

e-mail: info@linkgua.com

Diseño de cubierta: Michel Mallard.

ISBN rústica ilustrada: 978-84-9816-8983.
ISBN tapa dura: 978-84-1126-067-1.
ISBN ebook: 978-84-9007-598-2.

Sumario

Créditos   4

Brevísima presentación   9
  La obra   9

Tradiciones en salsa verde   11

La pinga del Libertador   13

El carajo de Sucre   15

Un desmemoriado   17

La consigna de Lara   19

¡Tajo o tejo!   21

El clavel disciplinado   23

Un calembourg   25

Otra improvisación del ciego de la merced   27

La cosa de la mujer   29

Fatuidad humana   31

De buena a bueno   33

Los inocentones   35

El lechero del convento ... 37

Pato con arroz ... 39

La moza del gobierno ... 41

Matrícula de colegio ... 43

La cena del capitán ... 45

La misa a escape ... 47

Otras tradiciones:
una moza de rompe y raja ... 49
    I. El primer papel moneda ... 49
    II. La «Lunareja» ... 52
    III. El fin de una moza tigre ... 56

Justicia de Bolívar ... 59

Bolívar y el cronista Calancha ... 63
    I ... 63
    II ... 67

Las tres éceteras del Libertador ... 71
    I ... 71
    II ... 73
    III ... 75

La carta de «la Libertadora» ... 77
    I ... 77
    II ... 78

III 80
IV 81

Juicios literarios
Miguel Cané 83

Ricardo Palma fotograbado
Rubén Darío 91

Ricardo Palma
Francisco Sosa 97

Libros a la carta 107

Brevísima presentación

La obra

Ricardo Palma comenzó a publicar sus *Tradiciones* en 1860. Sin embargo, las *Tradiciones en salsa verde*, al parecer manuscritas desde 1901 y transcritas en 1904, no fueron escritas para ser publicadas. En razón de esto último, el autor solicitaba a su amigo Carlos Basadre la mayor discreción pues temía que su libro cayese en las manos de «gente mojigata, que se escandaliza no con las acciones malas sino con las palabras crudas». La presente selección incluye textos de Rubén Darío y Miguel Cané.

Tradiciones en salsa verde

A don Carlos Basadre.

Sabe usted, mi querido Carlos, que estas hojitas no están destinadas para la publicidad y que son muy pocos los que, en la intimidad de amigo a amigo, las conocen. Alguna vez me reveló usted el deseo de tener una copia de ellas, y no sabiendo qué agasajo le sería grato hoy, día de su cumpleaños, le mando mis *Tradiciones en salsa verde*, confiando en que tendrá usted la discreción de no consentir que sean leídas por gente mojigata, que se escandaliza no con las acciones malas sino con las palabras crudas. La moral reside en la epidermis.

Mil cordialidades. Su viejo amigo

El Tradicionista

Lima, febrero de 1904.

La pinga del Libertador

Tan dado era don Simón Bolívar a singularizarse, que hasta su interjección de cuartel era distinta de la que empleaban los demás militares de su época. Donde un español o un americano habrían dicho: ¡Vaya usted al carajo!, Bolívar decía: ¡Vaya usted a la pinga! Histórico es que cuando en la batalla de Junín, ganada al principio por la caballería realista que puso en fuga a la colombiana, se cambió la tortilla, gracias a la oportuna carga de un regimiento peruano, varios jinetes pasaron cerca del General y, acaso por halagar su colombianismo, gritaron: ¡Vivan los lanceros de Colombia! Bolívar, que había presenciado las peripecias todas del combate, contestó, dominado por justiciero impulso: ¡La pinga! ¡Vivan los lanceros del Perú! Desde entonces fue popular interjección esta frase: ¡La pinga del Libertador! Este parágrafo lo escribo para lectores del siglo XX, pues tengo por seguro que la obscena interjección morirá junto con el último nieto de los soldados de la Independencia, como desaparecerá también la proclama que el general Lara dirigió a su división al romperse los fuegos en el campo de Ayacucho: «¡Zambos del carajo! Al frente están esos puñeteros españoles. El que aquí manda la batalla es Antonio José de Sucre, que, como saben ustedes, no es ningún pendejo de junto al culo, con que así, fruncir los cojones y a ellos».

En cierto pueblo del norte existía, allá por los años de 1850, una acaudalada jamona ya con derecho al goce de cesantía en los altares de Venus, la cual jamona era el non plus ultra de la avaricia; llamábase Doña Gila y era, en su conversación, hembra más cocora o fastidiosa que una cama colonizada por chinches.

Uno de sus vecinos, Don Casimiro Piñateli, joven agricultor, que poseía un pequeño fundo rústico colindante con terrenos de los que era propietaria Doña Gila, propuso a ésta comprárselos si los valorizaba en precio módico.

—Esas cinco hectáreas de campo —dijo la jamona—, no puedo vendérselas en menos de dos mil pesos.

—Señora —contestó el proponente—, me asusta usted con esa suma, pues a duras penas puedo disponer de quinientos pesos para comprarlas.

—Que por eso no se quede —replicó con amabilidad Doña Gila—, pues siendo usted, como me consta, un hombre de bien, me pagará el resto en especies, cuando y como pueda, que plata es lo que plata vale. ¿No tiene usted quesos que parecen mantequilla?

—Sí, señora.

—Pues recibo. ¿No tiene usted vacas lecheras?

—Sí, señora.

—Pues recibo. ¿No tiene usted chanchos de ceba?

—Sí, señora.

—Pues recibo. ¿No tiene usted siquiera un par de buenos caballos? Aquí le faltó la paciencia a don Camilo que, como eximio jinete, vivía muy encariñado con sus bucéfalos, y mirando con sorna a la vieja, le dijo:

—¿Y no quisiera usted, doña Gila, la pinga del Libertador? Y la jamona, que como mujer no era ya colchonable (hace falta en el Diccionario la palabrita), considerando que tal vez se trataba de alguna alhaja u objeto codiciable, contestó sin inmutarse:

—Pagándomela a buen precio, también recibo la pinga.

El carajo de Sucre

El mariscal Antonio José de Sucre fue un hombre muy culto y muy decoroso en palabras. Contrastaba en esto con Bolívar. Jamás se oyó de su boca un vocablo obsceno, ni una interjección de cuartel, cosa tan común entre militares. Aun cuando (lo que fue raro en él) se encolerizaba por gravísima causa, limitábase a morderse los labios; puede decirse que tenía lo que llaman la cólera blanca.

Tal vez fundaba su orgullo en que nadie pudiera decir que lo había visto proferir una palabra soez, pecadillo de que muchos santos, con toda su santidad, no se libraron.

El mismo Santo Domingo cuando, crucifijo en mano, encabezó la matanza de los albigenses, echaba cada Sacre non de Dieu y cada taco, que hacía temblar al mundo y sus alrededores.

Quizás tienen ustedes noticia del obispo, señor Cuero, arzobispo de Bogotá y que murió en olor de santidad, pues su Ilustrísima, cuando el Evangelio de la misa era muy largo, pasaba por alto algunos versículos, diciendo: Estas son pendejadas del Evangelista y por eso no las leo.

Solo el mariscal Miller fue, entre los prohombres de la patria vieja, el único que jamás empleó en sus rabietas el cuartelero ¡carajo! Él juraba en inglés y por eso un god dam! de Miller (Dios me condene), a nadie impresionaba. Cuentan del bravo británico que, al escapar de Arequipa perseguido por un piquete de caballería española, pasó frente a un balcón en el que estaban tres damas godas[1] de primera agua, las que gritaron al fugitivo:

—¡Abur, gringo pícaro!

1 Eran llamados «godos» quienes defendían que España continuase gobernando en Latinoamérica. (N. del E.)

Miller detuvo al caballo y contestó:

—Lo de gringo es cierto y lo de pícaro no está probado, pero lo que es una verdad más grande que la Biblia es que ustedes son feas, viejas y putas. god dam!

Volviendo a Sucre, de quien la digresión milleresca nos ha alejado un tantico, hay que traer a cuento el aforismo que dice: «Nadie diga de esta agua no beberé».

El día de la horrenda, de la abominable tragedia de Berruecos,[2] al oírse la detonación del arma de fuego, exclamó Sucre, cayendo del caballo:

—¡Carajo!, un balazo...

Y no pronunció más palabra.

Desde entonces, quedó como refrán el decir a una persona, cuando jura y rejura que en su vida no cometerá tal o cual acción, buena o mala:

—¡Hombre, quién sabe si no nos saldrá usted un día con el Carajo de Sucre!

---

2   Berruecos: despoblado en Colombia, en donde fue traidoramente asesinado el general Sucre, haciéndose fuego desde unos matorrales ocultos. (N. de la edición de 1973).

Un desmemoriado

Cuando en 1825 fue Bolívar a Bolivia, mandaba la guarnición de Potosí el coronel don Nicolás Medina, que era un llanero de la pampa venezolana, de gigantesca estatura y tan valiente como el Cid Campeador, pero en punto a ilustración era un semi salvaje, un bestia, al que había que amarrar para afeitarlo.

Deber oficial era para nuestro coronel, dirigir algunas palabras de bienvenida al Libertador, y un tinterillo de Potosí se encargó de sacar de atrenzos a la autoridad escribiéndole la siguiente arenga:

«Excelentísimo Señor; hoy, al dar a V. E. la bienvenida, pido a la divina Providencia que lo colme de favores para prosperidad de la Independencia americana. He dicho.»

Todavía estaba en su apogeo, sobre todo en el Alto Perú, el anagrama: Omnis libravo, formado con las letras de Simón Bolívar. Pronto llegarían los tiempos en que sería más popular este pasquín:

> Si a Bolívar la letra con que empieza
> Y aquella con que acaba le quitamos,
> De la Paz con la Oliva nos quedamos.
> Eso quiere decir, que de esa pieza,
> La cabeza y los pies cortar debemos
> Si una Paz perdurable apetecemos.

Una semana pasó Medina fatigando con el estudio de la arenga la memoria, que como se verá era en él bastante flaca.

En el pueblecito de Yocoya, a poco más de una legua de Potosí, hizo Medina que la tropa que lo acompañaba presentase las armas y, deteniendo su caballo, delante del Libertador, dijo después de saludar militarmente:

—Excelentísimo Señor... (gran pausa), Excelentísimo Señor Libertador... (más larga pausa)... —y dándose una palmada en la frente, exclamó— ¡Carajo!... Yo no sirvo para estas palanganadas, sino para meter lanza y sablear gente. Esta mañana me sabía la arenga como agua, y ahora no me acuerdo ni de una puñetera palabrita. Me cago en el muy cojudo que me la escribió.

—Déjelo, coronel —le contestó Bolívar sonriendo—, yo sé, desde Carabobo y Boyacá, que usted no es más que un hombre de hechos, y de hechos gloriosos.

—Pero eso no impide, general, que yo reniegue de esta memoria tan jodida que Dios me ha dado.

La consigna de Lara

El general Jacinto Lara era uno de los más guapos llaneros de Venezuela y el hombre más burdo y desvergonzado que Dios echara sobre la tierra; lo acredita la famosa proclama que dirigió a su división al romperse los fuegos en Ayacucho.

El Libertador tuvo siempre predilección por Lara, y lo hacían reír sus groserías y pachotadas; decía, Don Simón, que como sus colombianos no eran ángeles, había que tolerar el que fuesen desvergonzados y sucios en el lenguaje.

Verdad también que Bolívar, en ocasiones, se acordaba de que era colombiano y escupía palabrotas, sobre todo cuando estaba de sobre mesa con media docena de sus íntimos; cuentan, y algo de ello refiere Pruvonena, que habiéndole preguntado uno de los comensales, si aún continuaba en relaciones con cierta aristocrática dama, contestó don Simón:

—Hombre, ya me he desembarcado, porque la tal es una fragata que empieza a hacer agua por todas las costuras.

Un domingo, en momentos que Bolívar iba a montar en el coche, llegó Lara a Palacio y el Libertador le dijo:

—Acompáñame, Jacinto, a hacer algunas visitas, pero te encargo que estés en ellas más callado que un cartujo, porque tú no abres la boca sino para soltar alguna barbaridad; con que ya sabes, tu consigna es el silencio; tú necesitas aprender oratoria en escuela de sordomudos.

—Descuida, hombre, que solo quebrantaré la consigna en caso que tú me obligues. Te ofrezco ser más mudo que campana sin badajo.

Después de hacer tres o cuatro visitas ceremoniosas, en las que Lara se mantuvo correctamente fiel a la consigna, llegaron a una casa, en la que fueron recibidos, en el salón, por una limeñita, de esas de ojos tan flechadores que, de medio a medio, le atraviesan a un prójimo la autonomía.

—Excuse usted, señor general, a mi hermana, que se priva de la satisfacción de recibirlo, porque está en cama desde anoche en que dio a luz dos niños con toda felicidad.

—Lo celebro —contestó el Libertador—, bravo por las peruanitas que no son mezquinas en dar hijos a la patria.

¿Qué te parece, Lara? El llanero, por toda respuesta, gruñó:

—¡Hum... Hum! Bolívar no se dio por satisfecho con el gruñido, e insistió:

—Contesta, hombre... ¿en qué estás pensando?

—Pues con su venia, mi general, y con la de esta señorita, estaba pensando... en cómo habrá quedado el coño de ancho, después de tal par to.

—¡Bárbaro! —exclamó, Bolívar, saliendo del salón más que deprisa.

—La culpa es tuya y no mía. ¿Por qué me mandaste romper la consigna? Yo no sé mentir y largué lo que pensaba.

Desde entonces el Libertador quedó escarmentado para no hacer visitas acompañado de don Jacinto.

¡Tajo o tejo!

El único teatro que, por los años de 1680, poseía Lima, estaba situado en la calle de San Agustín, en un solar o corralón que, por el fondo, colindaba con la calle de Valladolid, y era una compañía de histriones o cómicos de la lengua la que actuaba.

Ensayábase una mañana no sé qué comedia de Calderón o de Lope, en la que el galán principiaba un parlamento con estos versos:

> Alcázar que sobre el Tejo

Lo de Tejo hubo de parecer al apuntador errata de la copia, y corrigiendo al cómico, le dijo:

—¡Tajo, Tajo! Éste no quiso hacerle caso y repitió el verso:

> Alcázar que sobre el Tejo

—Ya le he dicho a usted que no es sobre el Tejo...

—Bueno, pues —contestó el galán, resignándose a obedecer—, sea como usted dice, pero ya verá lo que resulta— y declamó la redondilla:

> Alcázar que sobre el Tajo
> Blandamente te reclinas
> Y en sus aguas cristalinas
> Te ves como un espajo.

Y volviendo al apuntador, le dijo, con aire de triunfo:

> ¿Ya lo ve usted, so carajo,

Cómo era Tejo y no Tajo?

A lo que aquél, sin darse por vencido, contestó:

Pues disparató el poeta
¡Puñeta!

El clavel disciplinado

Gran cariño tuvo el virrey Amat por su mayordomo, don Jaime, que, como su Excelencia, era catalán que bailaba el trompo en la uña y un portento de habilidad en lo de allegar monedas.

La gente de escaleras abajo hablaba pestes sobre los latrocinios, pero los que estaban sentados sobre la cola, que eran la mayoría palaciegos, decían que tal murmuración no era lícita y que encarnaba algo de rebeldía contra su Majestad y los representantes de la corona.

Esta doctrina abunda hoy mismo en partidarios, por lo de quien ofende al can ofende al rabadán.

Así, los clericales, por ejemplo, dicen, que siendo de católicos la gran mayoría del Perú, nadie debe atacar la confesión, ni el celibato sacerdotal, como si en un país donde la mayoría fuera de borrachos no se debería combatir el alcoholismo.

Amat abrigaba el propósito de no regresar a España cuando fuera relevado en el gobierno, y tan decidido estaba a dejar sus huesos en Lima, que hizo construir, en la vecindad del monasterio del Prado, una magnífica casa, con el nombre de Quinta del Rincón.

Podría, hoy mismo, ese edificio competir con muchos de los más aristocráticos de España; pero, como es sabido, fueron tantos y tales los quebraderos de cabeza que llovieron sobre el ex virrey, en el juicio de residencia, que aburrido al cabo, se embarcó para la Metrópoli, haciendo regalo de la señorial residencia, al paisano, amigo y mayordomo.

Decía la voz pública, que es hembra vocinglera y calumniadora, que don Jaime había sido en Palacio correveidile o intermediario de su Excelencia para todo negocio nada limpio, y como siempre las pulgas pican, de preferencia, al perro flaco, resultó que muchos de los perjudicados, más que al virrey, odiaban al mayordomo.

Una noche, sonadas ya las ocho, se aproximaba don Jaime a la Quinta del Rincón, cuando le cayeron encima dos embozados que, puñal en mano, lo amenazaron con matarlo si daba gritos pidiendo socorro. Resignóse el catalán a seguirlos, que el argumento del puñal no admitía vuelta de hoja, y lo condujeron al Cercado, lugarejo, que por esos tiempos, era de espantosa lobreguez.

Allí le vendaron los ojos y, calle adelante, lo metieron en una casuca donde, a calzón quitado, le aplicaron veinticinco azotes, con látigo de dos ramales, y así, con el rabo bien caliente, lo acompañaron hasta dejarlo en la plazuela del Prado.

Al día siguiente, era popular en Lima este pasquín:

> Don Jaime, te han azotado
> Y por si esto se desvela
> A Amat dile que te huela
> El clavel disciplinado.

Por supuesto que una copia de este pasquín llegó a manos del virrey, quien atragantándosele el tercer verso, dijo:

> Que le huela... que le huela...
> Que se lo huela su abuela.

Un calembourg

Fray Francisco del Castillo, más generalmente conocido por el Ciego de la Merced, fue un gran repentista o improvisador; su popularidad era grande en Lima, allá por los años de 1740 a 1770.

Cuéntase que habiendo una hembra solicitado divorcio, fundándose en que su marido era poseedor de un bodoque monstruosamente largo, gordo, cabezudo y en que a veces, a lo mejor de la jodienda, se quitaba el pañuelo que le servía de corbata al monstruo y largaba el chicote en banda, sucedió que se apartaba de la querella, reconciliándose con su macho. Refirieron el caso al ciego y éste dijo:

> No encuentro fenomenal
> El que eso haya acontecido
> Porque o la cueva ha crecido
> O ha menguado el animal.

Llegada la improvisación a oídos del Comendador o Provincial de los mercedarios, éste amonestó al poeta, en presencia de varios frailes para que se abstuviera de tributar culto a la musa obscena.

Retirado el Superior, quedaron algunos frailes formando corrillo y embromando al cielo por la repasata sufrida.

—¿Y qué dice ahora de bueno, el hermano Castillo? —preguntó uno de los reverendos.

El hermano Castillo, dijo:

> El chivato de Cimbal,
> Símbolo de los cabrones,
> Tiene tan grandes cojones

Como el Padre Provincial.

Rieron todos de la desvergonzada redondilla, pues parece que el Superior nacido en un pueblo del norte, llamado Cimbal, no era de los que por la castidad conquistan el cielo.

No faltó oficioso que fuera con el chisme a su paternidad reverenda, quien castigó al ciego con una semana de encierro en la celda y de ayuno a pan y agua.

Los conventuales, amigos del lego poeta, le dijeron que podía libertarse de la malquerencia del prelado aviniéndose a dar una satisfacción.

El Padre Castillo echó cuentas consigo mismo y sacó en claro que, siendo él cántaro frágil y el Comendador piedra berroqueña, lo discreto era no seguir en la lucha del débil contra el fuerte; a esa sazón, paseaba su reverencia por el claustro y, arrodillándose ante él, nuestro lego poeta lo satisfizo con el siguiente, muy ingenioso Calembourg:

> Pues lo dije, ya lo dije;
> Mas digo que dije mal,
> Pues los tiene como dije
> Nuestro Padre Provincial.

Otra improvisación del ciego de la merced

Señor, Dios, que nos dejaste
Por patrimonio y herencia
La Pobreza y la Indigencia
Cosas que tú tanto amaste
Si era tan buena la cosa
Allá a tu mansión gloriosa
Do los ángeles se mueven
Que no juegan, que no beben
Ni fornican a una moza
¿Por qué no te las llevaste?

La cosa de la mujer

Era la época del faldellín, moda aristocrática que de Francia pasó a España y luego a Indias, moda apropiada para esconder o disimular redondeces de barriga.

En Lima, la moda se exageró un tantico (como en nuestros tiempos sucedió con la crinolina), pues muchas de las empingorrotadas y elegantes limeñas, dieron por remate al ruedo del faldellín un círculo de mimbres o cañitas; así el busto parecía descansar sobre pirámide de ancha base, o sobre una canasta.

No era por entonces, como lo es ahora, el Cabildo o Ayuntamiento muy cuidadoso de la policía o aseo de las calles, y el vecindario arrojaba sin pizca de escrúpulo, en las aceras, cáscaras de plátano, de chirimoya y otras inmundicias; nadie estaba libre de un resbalón.

Muy de veinticinco alfileres y muy echada para atrás, salía una mañana de la misa de diez, en Santo Domingo, gentilísima dama limeña y, sin fijarse en que sobre la losa había esparcidas unas hojas del tamal serrano, puso sobre ellas la remonona botina, resbaló de firme y dio, con su gallardo cuerpo, en el suelo.

Toda mujer, cuando cae de veras, cae de espalda, como si el peso de la ropa no le consintiera caer de bruces, o hacia adelante.

La madama de nuestro relato no había de ser la excepción de la regla y, en la caída, viniósele sobre el pecho la parte delantera del faldellín junto con la camisa, quedando a expectación pública y gratuita, el ombligo y sus alrededores.

El espectáculo fue para alquilar ojos y relamerse los labios. ¡Líbrenos San Expedito de presenciarlo! Un marquesito, muy currutaco, acudió presuroso a favorecer a la caída, principiando por bajar el subversivo faldellín, para que volviera a cubrir el vientre y todo lo demás, que no sin embeleso contemplara el joven; el suyo fue peor que el suplicio de Tántalo.

Puesta en pie la maltrecha dama, dijo a su amparador:

—Muchas gracias, caballero —Y luego; imaginando ella referirse al descuido de la autoridad en la limpieza de las calles, añadió: ¿Ha visto usted cosa igual...? Probablemente el marquesito no se dio cuenta del propósito de crítica a la policía que encarnaba la frase de la dama, pues refiriéndola a aquello, a la cosa, en fin, que por el momento halagaba a su lujuria, contestó—: Lo que es cosa igual, precisamente igual, pudiera ser que no; pero parecidas, con vello de más o de menos y hasta pelonas, crea usted, señora mía, que he visto algunas.

Fatuidad humana

Cuando el rey don Juan de Portugal se vio forzado, en los primeros años del siglo XIX, a refugiarse en el Brasil, tuvo, pues su majestad fue muy braguetero, por combleza o manfla, querida o menina, a la más linda mulatica de Río de Janeiro, relaciones pecaminosas que, a la larga, dieron por fruto un muchacho, lo que nada tiene de maravilloso, sino de muy natural y corriente. ¡Esos polvos traen esos lodos! Entiendo que la moza exprimió al rey don Juan, dejándolo con menos jugo que a limón de fresquería.

Dicen las crónicas que Patrocinio, tal se llamaba la bagaza, era caliente y alborotada de rabadilla, lo que la producía gran titilación y reconcomio en el clítoris.

Con ella, los cortesanos no tenían más que invitarla a beber una copa de onfacomelí (licor africano), y... a cabalgar se ha dicho... Sospecho que Patrocinio era tan puta como cualquier chuchumeca de Atenas; cuando a un hombre le venía en gana echar un polvo con una de esas pécoras, no tenía para qué gastar palabras; bastábale con cerrar el puño, levantando el dedo índice. Si la hembra no estaba con patente sucia, o tenía otro compromiso ajustado, le contestaba cerrando el pulgar, en la forma de anillo o círculo.

Y ya saben ustedes, por si lo ignoraban, cuál fue el origen de esta mímica, que hasta ahora subsiste, entre las mozas del burdel. El macho también formaba anillo, metía en él el índice, y daba luego un taponazo, que era como decir: All right.

Barruntos tenía el rey de las frecuentes jugarretas de su coima, pero no se atrevía a rezongar, por falta de pruebas; al cabo, durmiósele un día el diablo a la muchacha y sorprendiéndola su señor, como dice la Epístola de San Pablo illa sub, ille super, allí fue Troya. Don Juan la encerró, por un año, en la prisión de prostitutas, y mandó al chico al Seminario de Lisboa; corriendo los tiempos, lo hizo arzobispado de Coimbra.

Jubilada ya Patrocinio en la milicia de Venus, aunque nunca había estado en correspondencia con su ilustrísimo y reverendísimo hijo, no pudo negarse a dar una carta de recomendación, a su confesor, para el obispo de Coimbra, llamado a entender en el asunto que lo llevara a Portugal.

Leyó su Ilustrísima la carta, complació al portador en sus pretensiones, y cuando éste fue a despedirse, pidiéndole órdenes para Río de Janeiro, le dio la siguiente carta para Patrocinio: Señora: Su recomendado le dirá que lo he servido a pedir de boca. No vuelva usted a escribirme, y menos tratándome como cosa suya, porque os filhos naturales do rey non tenhem madre.[3] Dios la guarde.

No era Patrocinio de esas que lloran a lágrimas de hormiga viuda, ni habría ido a Roma a consultar al Padre Santo la respuesta que cabría dar a la fatuidad del arzobispillo.

He aquí su contestación: Señor mío: Agradeciendo las atenciones que a mi confesor ha dispensado, cúmpleme decirle que os filhos de puta non tenhem padre. Dios le guarde.

3   Expresión incorrecta en portugués.

De buena a bueno

La verdad purita es, que desde que desapareció la tapada, de sayo y manto, desapareció también la sal criolla de la mujer limeña. Era delicioso ir, hasta 1856, a la alameda de los Descalzos el día de la Porciúncula y en la de San Juan, a la alameda de Acho, en una tarde de toros, y escuchar el tiroteo de agudezas entre ellas y ellos, que los limeños no se quedaban rezagados en la chispa de las respuestas; compruébalo este cuentecito: Iba en la muy concurrida procesión de Santa Rosa, persiguiendo a gentil tapada, un colegialito de San Carlos, mozo de veinte pascuas floridas, correcto en la indumentaria y de simpático coramvobis, realzado con lentes de oro, cabalgados sobre la nariz.

Lucía la tapada un brazo regordete y con hoyuelos, y al andar tenía un cucuteo como para resucitar difuntos, dejando ver un piecesito que cabría holgado en la juntura de dos losas de la calle.

Rompió los fuegos el galán, diciéndole a la incógnita belleza:

> Me pego de balazos, con cualquiera,
> que me diga que no eres hechicera.

—¿Versaina tenemos? ¡Límpiate que estás de huevo y déjame en paz, cuatro ojos!

> —Te equivocas, tengo cinco,
> un taco para el quinto.
> ¿Y a ti en el sexto,
> cuántos te han puesto?

Los inocentones

Reniego de tales inocentones y la peor recomendación que para mí puede hacerse de un muchacho, es la que algunos padres, muy padrazos, creen hacer en favor de su hijo, cuando dicen: ¡fulanito es un niño muy inocentón! Siempre que escucho a un padre hablar de las inocentadas de su hija, me viene en el acto a la memoria la copla sobre aquella inocentona que:

> Un día dijo a un mozo
> A la sombra de una higuera
> En no metiéndome a monja
> Méteme lo que tú quieras.

¡Inocentones! Ni para curar un dolor de muelas, se encuentra uno en este planeta sublunar.

Conocía a un muchachote de dieciséis años de edad, que nunca había abierto la boca para pronunciar una palabra; los médicos opinaban que no era mudo, sino tartamudo, y que en el día menos pensado, rompería a hablar como una cotorra; por supuesto que recomendaron a la madre lo tratase con mucho mimo y que en nada se le contrariase. Realmente, una tarde, dijo el enfermo:

—Mamá... mamá.

Es para imaginada, más que para descrita, la alegría de la buena señora, que tenía al enfermito en el concepto de ser más inocente que todos los que Herodes condenó a la degollina.

—¡Angelito de Dios! ¿Qué quieres? ¿Qué deseas? Apuesto una cajetilla de cigarrillos, que es todo lo que puedo despilfarrar, a que no adivinan ustedes lo que contestó el inocentón.

Vamos, ¡ya veo que no me aceptan la apuesta y que se dan por vencidos!

—Dime, rey del mundo —prosiguió la madre—, ¿qué es lo que quieres?

—¡Chu... cha! —contestó lacónicamente el picaronazo. Desde entonces, no creo en los inocentones.

El lechero del convento

Allá, por los años de 1840, era yanacón o arrendatario de unos potreros en la chacra de Inquisidor, vecina a Lima, un andaluz muy burdo, reliquia de los capitulados con Rodil, el cual andaluz mantenía sus obligaciones de familia con el producto de la leche de una docena de vacas, que le proporcionaban renta diaria de tres a cuatro duros.

Todas las mañanas, caballero en guapísimo mulo, dejaba cántaros de leche en el convento de San Francisco, en el Seminario y en el monasterio de Santa Clara, instituciones con las que tenía ajustado formal contrato.

Habiendo una mañana amanecido con fiebre alta, el buen andaluz llamó a su hijo mayor, mozalbete de quince años cumplidos, tan groserote como el padre que lo engendrara, y encomendóle que fuera a la ciudad a hacer la entrega de cántaras, de a ocho azumbres, de leche morisca o sin bautizar.

Llegado a la portería de Santa Clara, donde con la hermana portera estaban de tertulia matinal la sacristana, la confesonariera, la refistolera y un par de monjitas más, informó a aquella de que, por enfermedad de su padre, venía él a llenar el compromiso.

La portera, que de suyo era parlanchina, le preguntó:

—¿Y tienen ustedes muchas vacas?

—Algunas, madrecita.

—Por supuesto que estarán muy gordas...

—Hay de todo, madrecita; las vacas que joden están muy gordas, pero las que no joden están más flacas que usted, y eso que tenemos un toro que es un grandísimo jodedor.

—¡Jesús! ¡Jesús! —gritaron, escandalizadas, las inocentes monjitas—. Toma los ocho reales de la leche y no vuelvas a venir, sucio, cochino, ¡desvergonzado! ¡sinvergüenza! De regreso a la chacra, dio, el muy zamarro, cuenta a su padre de la manera como había desempeñado su comisión, refiriéndole, también, lo ocurrido con la portera.

—¡Cojones! ¡Pedazo de bestia! ¡Buena la has hecho, hijo de puta! Ir con esas pendejadas a calentar a las monjas. ¡Hoy te mato a palos, canalla! Y le arrimó una buena zurribanda.

A la mañana siguiente, fue el patán andaluz llevando la leche al monasterio, y por todo el camino iba cavilando sobre la satisfacción que se creía obligado a dar a las monjas.

—Madrecitas —les dijo—, vengo a pedirles mil perdones, por las bestialidades que dijo ayer, ese zopenco de mi hijo.

—No ponga usted caso en eso, ño Prisciliano —contestó una de las monjas—, son cosas de muchacho inocente, que no sabe lo que habla.

Se sulfuró al oír esto ño Prisciliano; como yo, tenía tirria y enemiga con los inocentones.

—¿Inocentón, mi hijo? No lo crea usted, madre. ¡Coño y recoño! Como que no sabe usted, que el otro día lo sorprendí con tamaña pinga en la mano, cascándose tres golpes de puñeta. ¡Carajo, con el inocentón! Y las monjas, poniéndose las manos en los oídos, echaron a correr como palomas asustadas por el gavilán.

Adivinar se deja, que cambiaron de lechero.

Pato con arroz

Conocía a don Macario; era un honrado barbero que tuvo tienda pública en Malambo, allá cuando Echenique y Castilla nos hacían turumba a los peruanos.

Vecina a la tienda había una casita habitada por Chomba (Gerónima), consorte del barbero y su hija Manonga (Manuela), que era una chica de muy buen mirar, vista de proa, y de mucho culebreo de cintura y nalgas, vista de popa.

Don Macario, sin ser borracho habitual, nunca hizo ascos a una copa de moscorrofio; y así sus amigos, como los galancetes o enamorados de la muchacha, solían ir a la casa para remojar una aceitunita. El barbero que, aunque pobre, era obsequioso para los amigos que a su domicilio honraban, condenaba a muerte una gallina o a un pavo del corral y entre la madre y la hija, improvisaban una sabrosa merienda o cuchipanda.

En estas y otras, sucedió que, una noche, sorprendiera el barbero a Manonguita, que se escapaba de la casa paterna, en amor y compañía de cierto mozo muy cunda.

Después de las exclamaciones, gritos y barullo del caso, dijo el padre:

—Usted se casa con la muchacha o le muelo las costillas con este garrote.

—No puedo casarme —contestó el mocito.

—¡Cómo que no puede casarse, so canalla! —exclamó el viejo, enarbolando el leño—; ¿es decir que se proponía usted culear a la muchacha, así... de bobilis, bobilis... de cuenta de buen mozo y después... ahí queda el queso para que se lo coman los ratones? No señor, no me venga con cumbiangas, porque o se casa usted, o lo hago charquicán.

—Hombre, no sea usted súpito, don Macario, ni se suba tanto al cerezo; óigame usted, con flema, pero en secreto.

Y apartándose, un poco, padre y raptor, dijo éste, al oído, a aquél:

—Sepa usted, y no lo cuente a nadie, que no puedo casarme, porque... soy capón; pregúntele al doctor Alcarraz, si no es cierto que, hace dos años, para curarme de una purgación de garrotillo, tuvo que sacarme el huevo izquierdo, dejándome en condición de eunuco.

—¿Y entonces, para qué se la llevaba usted a mi hija? —arguyó el barbero, amainando su exaltación.

—¡Hombre, maestrito! Yo me la llevaba para cocinera, porque las veces que he comido en casa de usted, me han probado que Manonga hace un arroz con pato delicioso y de chuparse los dedos.

La moza del gobierno

Carolina L... era, en 1861, una guapa hembra y por la que el Presidente de la República, el gran mariscal don Ramón Castilla, se desmerecía como un cadete. Con frecuencia y de tapadillo, como se dice, iba después de las once de la noche a visitarla, siendo notorio que su excelencia era el pagano que, sin tacañería, cuidaba del boato de la dama.

El mariscal tenía, por entonces, sesenta y cuatro agostos, pues nació en 1797, y aun parecía hombre sano y enterote; algo debió influir la edad; para que Carolina anhelara las caricias de un joven, con vigor, para registrarla bien los riñones de la concha, cucaracha o como la llamen ustedes.

Víctor Proaño, que con el tiempo llegó a ser general de brigada, en la vecina república del Ecuador y que desde 1860 residía en Lima, en la condición de proscrito, era mozo gallardo y emprendedor y con pujanza para metérselo a un loro por el pico. Demás está añadir que no fue para él asco de iglesia la conquista de Carolina.

Al cabo llegó a noticias del mariscal, de que cuando él, después de las doce, se retiraba de casa de su maitresse, volvía a abrirse la puerta para dar entrada a otro hombre que no iría, por cierto, a rezar vísperas sino completas con Carolina.

Una noche, al aproximarse Proaño a la casa, le echaron zarpa encima tres embozados de la policía, lo enjaularon en un coche, lo condujeron al Callao y lo embarcaron en el vapor que a las dos de la tarde zarpaba para Valparaíso. A Proaño le dijo el comandante Vaquero, que era el jefe de los esbirros, que el gobierno lo desterraba por conspirador; un pretexto, como otro cualquiera, para alejar estorbos.

Es entendido que la dama se defendió como pudo ante don Ramón y que continuó en buen predicamento con él, que acaso en sus adentros, murmuraba:

Me dices que eres honrada,
Así lo son las gallinas
Que cacarean, no quiero...
Y tienen al gallo encima.

El ministro de gobierno era un caballero que, por la talla, merecía ser tambor mayor y al cual había bautizado Castilla con el mote de Casa de Tres Pisos, añadiendo que el piso de abajo, corazón y barriga, estaban siempre bien ocupados, pero que el piso alto, el cerebro, era a veces, habitación vacía.

El ministro tuvo la entereza para decir al Presidente, que encontraba arbitrarios la prisión y destierro de Proaño, a lo que contestó don Ramón:

—¡Vaya unos escrúpulos de Fray Gargajo, los que tiene usted, señor ministro! Ni un colegial se queda tan fresco, cuando otro le birla su hembra. Soy ya gallo de mucha estaca...

—Pero, señor Presidente... —interrumpió el ministro.

—Nada, nada, señor don Manuel... este es asunto, hasta de dignidad nacional. Este hombre va bien desterrado, porque siendo extranjero, ha tenido la insolencia de quitarle la moza al Gobierno del Perú... Y sépalo, señor ministro, el Gobierno no quiere aguantar cuernos.

Matrícula de colegio

Signore, dom Pietro Cañafistola, directtore de la escuela municipale de Chumbivilcas, 3 de Aprile de 1890.

Mio diletto signore: Fa favore de matriculeare ne la sua escuela, mei figlici Benedetto, Bartolomeo e Cipriano, natti in questta citá de Cumbivilcas, il giorno 20 de Febraio de 1881.

Sono suo servitore e amico

Crispin Gatiessa

Leída por el dómine esta macarrónica esquela, calóse las gafas, abrió el cuaderno de registro o matrícula escolar, entintó la pluma y antes de consignar los datos precisos, entabló conversación con sus futuros alumnos.

Eran estos tres chicos de nueve años, venidos al mundo, en la misma hora o paricio, de una robusta hembra chumbivilcana, casada con don Crispín Gatiessa, boticario de la población, que era un genovés como un trinquete y, tanto, que de una culeada le clavó a su mujer tres muchachotes muy rollizos.

A la simple vista, era casi imposible diferenciar a los niños, pues caras y cuerpos eran de completa semejanza.

—¿Cuál es tu nombre? —preguntó don Pedro a uno de los chicos.

—Servidor de usted, señor maestro, Benedicto —contestó el interrogado con voz de flautín, anacrónica en ser tan desarrollado y vigoroso.

—Vaya una vocesita para meliflua —musitó el magíster—, y tú, ¿qué nombre llevas? —continuó, dirigiéndose al otro.

—Para servir a Dios y a la Patria, me llamo Bartolomé —con idéntica voz atiplada.

—¿Otra te pego, Diego? —murmuró, para sí, el maestro—. ¡Vaya un par de maricones! ¡Lucido está el bachicha con su prole! ¿Y tú? —preguntó, dirigiéndose al tercero.

—¿Yo?, yo soy Crispín Gatiessa —contestó con voz de trueno, el muchacho.

Casi se cae de espaldas el bueno de don Pedro Cañafístola, ante tamaño contraste, y exclamó:

—¡Para la puta que los parió! ¡Qué cosa! ¿En qué consistirá, que siendo estos tres niños tan iguales de figura, nacidos del mismo vientre, de la misma ventegrada, o en el mismo día, uno discrepe tanto por vocerrón? Aquí me digo yo, cualquiera pierde su latín. ¡Vaya con los caprichos de la naturaleza!

—Yo le diré a usted, señor maestro, como mi madre no tiene sino dos tetas, ésas sirvieron para que estos dos hermanos mamasen a boca que quieres, y por eso han salido así... pobrecitos de voz.

—Y tú, ¿qué teta mamaste?

—Yo, ninguna.

—¿Cómo ninguna?

—Sí, señor, ninguna; yo mamaba el pájaro de mi padre... y por eso he sacado este vocejón.

La cena del capitán

A Dios gracias, parece que ha concluido en el Perú, el escandaloso período de las revoluciones de cuartel; nuestro ejército vivía dividido en dos bandos, el de los militares levantados y de los militares caídos.

Conocíase a los últimos con el nombre de indefinidos hambrientos; eran gente siempre lista para el bochinche y que pasaban el tiempo esperando la hora... la hora en que a cualquier general, le viniera en antojo encabezar revuelta.

Los indefinidos vivían de la mermadísima paga, con que de tarde en tarde, los atendía el fisco, y sobre todo, vivían de petardo; ninguno se avenía a trabajar en oficio o en labores campestres. Yo no rebajo mis galones, decía, con énfasis, cualquier teniente zaragatillo; para él más honra cabía en vivir del peliche o en mendigar una peseta, que en comer el pan humedecido por el sudor del trabajo honrado.

El capitán Ramírez era de ese número de holgazanes y sinvergüenzas; casado con una virtuosa y sufrida muchacha, habitaba el matrimonio un miserable cuartucho, en el callejoncito de Los Diablos Azules, situado en la calle ancha de Malambo. A las ocho de la mañana salía el marido a la rebusca y regresaba a las nueve o diez de la noche, con una y, en ocasiones felices, con dos pesetas, fruto de sablazos a prójimos compasivos.

Aun cuando no eran frecuentes los días nefastos, cuando a las diez de la noche, venía Ramírez al domicilio sin un centavo, le decía tranquilamente a su mujer: Paciencia, hijita, que Dios consiente, pero no para siempre, y ya mejorarán las cosas cuando gobiernen los míos; acuéstate y por toda cena, cenaremos un polvito... y un vaso de agua fresca.

En una fría noche de invierno, la pobre joven, hambrienta y tiritando, se sentó sobre un taburete junto al brasero, alimentando el fuego con virutas recogidas en la puerta de un vecino carpintero; llegó el capitán, revelando en lo carilargo, que traía el bolsillo limpio y que, por consiguiente, esa noche iba a ser de ayuno para el estómago.

—¿Qué haces ahí, Mariquita, tan pegada al brasero? —preguntó, con acento cariñoso, el marido.

—Ya lo ves, hijo —contestó en el mismo tono la mujercita—; estoy calentándote la cena.

La misa a escape

De Bogotá era obispo
Monseñor Cuero
Que fue un sabio y un santo
De cuerpo entero.
Su misa para el pueblo,
Poco duraba,
Pues en cinco minutos
La despachaba;
Porque del Evangelio
Nunca leía
Sino un par de versículos,
Y así decía:
Perdona, Evangelista,
Si más no leo;
Basta de pendejadas
De San Mateo.

Otras tradiciones:
una moza de rompe y raja

I. El primer papel moneda

Sin las noticias histórico-económicas que voy a consignar, y que vienen de perilla en estos tiempos de bancario desbarajuste, acaso sería fatigoso para mis lectores entender la tradición.

A principios de 1822, la causa de la Independencia corría grave peligro de quedar como la gallina que formó alharaca para poner un huevo, y ése huero. Las recientes atrocidades de Carratalá en Cangallo y de Maroto en Potosí, si bien es cierto que retemplaron a los patriotas de buena ley, trajeron algún pánico a los espíritus débiles y asustadizos. San Martín mismo, desconfiando de su genio y fortuna, habíase dirigido a Guayaquil en busca de Bolívar y de auxilio colombiano, dejando en Lima, el cargo del gobierno, al gran mariscal marqués de Torretagle.

Hablábase de una formidable conspiración para entregar la capital al enemigo; y el nuevo Gobierno, a quien los dedos se le antojaban huéspedes,[4] no solo adoptó medidas ridículas, como la prohibición de que usasen capa los que no habían jurado la Independencia, sino que recurrió a expedientes extremos y terroríficos. Entre éstos enumeraremos la orden mandando salir del país a los españoles solteros, y el famoso decreto que redactó don Juan Félix Berindoaga, conde de San Donás, barón de Urpín y oficial mayor de un ministerio. Disponía este decreto que los traidores fuesen fusilados y sus cadáveres colgados en la horca. ¡Misterios del destino! El único en quien, cuatro años más tarde, debió

4 Los dedos se le antojaban huéspedes: ser excesivamente suspicaz.

tener tal castigo cumplida ejecución fue en el desdichado Berindoaga, autor del decreto.

Estando Pasco y Potosí en poder de los realistas, la casa de Moneda no tenía barras de plata que sellar, y entre los grandes políticos y financistas de la época surgió la idea salvadora de emitir papel moneda para atender a los gastos de la guerra. Cada uno estornuda como Dios lo ayuda.

El pueblo, a quien se le hacía muy cuesta arriba concebir que un retazo de papel puede reemplazar al metal acuñado, puso el grito en el séptimo cielo: y para acallarlo fue preciso que don Bernardo de Torretagle escupiese por el colmillo, mandando promulgar el 1.º de febrero un bando de espantamoscas, en el cual se determinaban las penas en que incurrían los que, en adelante, no recibiesen de buen grado los billetes de a dos y cuatro reales, únicos que se pusieron en circulación.

La medida produjo sus efectos. El pueblo refunfuñaba, y poniendo cara de vinagre agachó la cabeza y pasó por el aro; mientras que los hombres de Palacio, satisfechos de su coraje para imponer la ley a la chusma, se pusieron, como dice la copla, del coup de nez:

> en la nariz el pulgar
> y los demás en hilera,
> y... perdonen la manera
> de señalar.

Sin embargo, temió el Gobierno que la mucha tirantez hiciera reventar la soga, y dio al pueblo una dedada de miel con el nombramiento de García del Río, quien marcharía a Londres para celebrar un empréstito, destinado a la amortización del papel y a sacar almas del purgatorio. El comercio, por su parte, no se echó a dormir el sueño de los justos, y entabló gestiones; y al cabo de seis meses de estudiarse el asunto, se expidió el 13 de agosto un decreto para que el papel (que andaba tan despreciado como los billetes de hoy) fuese recibido en la Aduana del Callao y el Estanco de Tabacos. ¡Bonito agosto hicieron los comerciantes de buen olfato! Eso sí que fue andar al trote para ganarse el capote.

Cierto es que San Martín no intervino directamente en la emisión del papel moneda; pero el cándido pueblo, que la da siempre de malicioso y de no tragar anchoveta por sardina, se le puso en el magín que el Protector había sacado la brasa por mano ajena, y que él era el verdadero responsable de la no muy limpia operación. Por eso, cuando el 20 de agosto, de regreso de su paseo a Guayaquil, volvió San Martín a encargarse del mando, apenas si hubo señales de alborozo público. Por eso también el pueblo de Lima se había reunido poco antes en la Plaza mayor, pidiendo la cabeza de Monteagudo,[5] quien libró de la borrasca saliendo camino del destierro. Obra de este ministro fue el decreto de 14 de diciembre de 1821 que creaba el Banco nacional de emisión.

Fue bajo el gobierno del gran mariscal Riva Agüero cuando, en marzo de 1823, a la vez que llegaba la noticia de quedar en Londres oleado y sacramentado el empréstito, resolvió el Congreso que se sellara (por primera vez en el Perú) medio millón de pesos en moneda de cobre para amor tizar el papel, del que, después de destruir las matrices, se quemaron diariamente en la puerta de la Tesorería billetes por la suma de quinientos pesos, hasta quedar extinguida la emisión.

5   Monteagudo, Bernardo de Monteagudo (1790-1825), prócer argentino de la Independencia. Fue secretario de San Martín en la expedición Libertadora y luego ministro. Favoreció los planes monarquistas de San Martín y fue expulsado del país en 1822. Murió asesinado de manera misteriosa.

Así se puso término entonces a la crisis, y el papel con garantía o sin garantía del Estado, que para el caso da lo mismo, no volvió a parecer hasta que... Dios fue servido de enviarnos plétora de billetes de Banco y eclipse total de monedas. Entre los patriotas y los patrioteros hemos dejado a la patria en los huesos y como para el carro de la basura.

Pero ya es hora de referir la tradición, no sea que la pluma se deslice y entre en retozos y comparaciones políticas, de suyo peligrosas en los tiempos que vivimos.

II. La «Lunareja»

Más desvergonzada que la Peta Winder de nuestros días fue, en 1822, una hembra, de las de navaja en la liga y pata de gallo en la cintura, conocida en el pueblo de Lima con el apodo de la Lunareja, y en la cual se realizaba al pie de la letra lo que dice el refrán:

> Mujer lunareja,
> mala hasta vieja.

Tenía la tal un tenducho o covachuela de zapatos en la calle de Judíos, bajo las gradas de la catedral. Eran las covachuelas unos chiribitiles subterráneos que desaparecieron hace pocos años, no sin resistencia de los canónigos, que percibían el arrendamiento de esas húmedas y feísimas madrigueras.

Siempre que algún parroquiano llegaba al cuchitril de Gertrudis la Lunareja, en demanda de un par de zapatos de orejita, era cosa de taparse los oídos con algodones para no escucharla echar por la boca de espuerta que Dios la dio sapos, culebras y demás sucias alimañas. A pesar del riguroso bando conminatorio, la zapatera se negaba resueltamente a recibir papelitos, aderezando su negativa con una salsa parecida a ésta:

—Miren, miren al ladronazo de Ñó San Martín, que, no contento con desnudar a la Virgen del Rosario, quiere llevarse la plata y dejarnos cartoncitos imporentados... ¡La perra que lo parió al muy pu... chuelero! Y la maldita, que era goda hasta la médula de los huesos, concluía su retahíla de insultos contra el Protector cantando a grito herido una copla del mizmiz, bailecito en boga, en la cual se le zurraba la badana al supremo delegado marqués de Torretagle.

> Peste de pericotes
> hay en tu cuarto;
> deja la puerta abierta,
> yo seré el gato.
> ¡Muera la patria!
> ¡Muera el marqués!
> ¡Qué viva España!
> ¡Qué viva el rey!

¡Canario! El cantarcito no podía ser más subversivo en aquellos días, en que la palabra rey quedó tan proscrita del lenguaje, que se desbautizó al peje-rey para llamarlo pejepatria, y al pavo real se le confirmó con el nombre de pavo nacional.

Los descontentos que a la sazón pululaban aplaudían las insolencias y obscenidades de la Lunareja, que propiedad de pequeños y cobardes es festejar la inmundicia que los maldicientes escupen sobre las espaldas de los que están en el poder. Así envalentonada la zapatera, acrecía de hora en hora el atrevimiento, haciendo huesillo[6] a los agentes de Policía, que, de cuando en cuando, la amonestaban para que no escandalizase al patriota y honesto vecindario.

Impuesta de todo la autoridad, vaciló mucho el desgraciado Torretagle para poner coto al escándalo. Repugnaba a su caballerosidad el tener que aplicar las penas del bando en una mujer.

El alcalde del barrio recibió al fin orden de acercarse a la Lunareja y reprenderla; pero ésta, que, como hemos dicho, tenía lengua de barbero, afilada y cortadora, acogió al representante de la autoridad con un aluvión de dicterios tales, que al buen alcalde se le subió la mostaza a las narices, y llamando a cuatro soldados hizo conducir, amarrada y casi arrastrando, a la procaz zapatera a un calabozo de la cárcel de la Pescadería. Lo menos que le dijo a su merced fue:

> Usía y mi marido
> van a Linares
> a comprar cuatro bueyes:
> vendrán tres pares.

Vivos hay todavía y comiendo pan de la patria (que así llamaban en 1822 al que hoy llamamos pan de hogaza) muchos que presenciaron los verídicos sucesos que relatados dejo, y al testimonio de ellos apelo para que me desmientan, si en un ápice me aparto de la realidad histórica.

Al siguiente día (22 de febrero) levantóse por la mañana en la Plaza mayor de Lima un tabladillo con un poste en el

6   Hacer huesillo, esta expresión no está registrada como americanismo, pero sí huesillo, «durazno secado al Sol» y, por lo tanto, arrugado. Es esta imagen la que predomina en el giro usado por Palma: «haciendo morisquetas, molestando».

centro. A las dos de la tarde, y entre escolta de soldados, sacaron de la Pescadería a la Lunareja.

Un sayón o ministril la ató al poste, y le cortó el pelo al rape. Durante esta operación lloraba y se retorcía la infeliz, gritando:

—¡Perdone mi amo Torretagle, que no lo haré más! A lo que los mataperritos que rodeaban el tabladillo, azuzando al sayón que manejaba tijera y navaja, contestaban en coro:

> Dele, maestro, dele,
> hasta que cante el miserere.

Y la Lunareja, pensando que los muchachos aludían al estribillo del mizmiz, se puso a cantar, y como quien satisface cantando la palinodia:

> ¡Viva la patria de los peruanos!
> ¡Mueran los godos,
> que son tiranos!

Pero la granujada era implacable y comenzó a gritar con especial sonsonete:

> ¡Boca dura y pies de lana!
> Dele, maestro, hasta mañana.

Terminada la rapadura, el sayón le puso a Gertrudis una canilla de muerto por mordaza, y hasta las cuatro de la tarde permaneció la pobre mujer expuesta a la vergüenza pública.

Desde ese momento nadie se resistió a recibir el papel moneda.

Parece que mis palabras aprovecharon de la lección en cabeza ajena, y que no murmuraron más de las cosas gubernamentales.

III. El fin de una moza tigre

Cuando nosotros los insurgentes perdimos las fortalezas del Callao, por la traición de Moyano y Oliva, la Lunareja emigró al Real Felipe,[7] donde Rodil la asignó sueldo de tres pesetas diarias y ración de oficial.

El 3 de noviembre de 1824 fue día nefasto para Lima por culpa del pantorrilludo[8] Urdaneta, que proporcionó a los españoles gloria barata. El brigadier don Mateo Ramírez, de feroz memoria, sembró cadáveres de mujeres, y niños, y hombres inermes en el trayecto que conduce de la portada del Callao a las plazas de la Merced y San Marcelo. Las viejas de Lima se estremecen aún de horror cuando hablan de tan sangrienta hecatombe.

Gertrudis la Lunareja fue una de aquellas furiosas y desalmadas bacantes que vinieron ese día con la caballería realista que mandaba el marqués de Valleumbroso, don Pedro Zabala, y que, como refiere un escritor contemporáneo, cometieron indecibles obscenidades con los muertos bailando en torno de ellos la mariposa y el agua de nieve.[9]

El 22 de enero de 1826, fecha en que Rodil firmó la capitulación del Callao, murió la Lunareja, probablemente atacada de escorbuto, como la mayoría de los que se encerraron en aquella plaza. Mas, por entonces, se dijo que la zapatera ha-

7   Real Felipe, la última plaza militar que defendieron los españoles en Lima.
8   Pantorrilludo, peruanismo por «presuntuoso, fatuo».
9   Agua de nieve, baile negroide.

bía apurado un veneno y preferido la muerte a ver ondear en los castillos el pabellón de la República.

La Lunareja exhaló el último aliento gritando: «¡Viva el rey!».

Justicia de Bolívar

A Ricardo Bustamante

En junio de 1824 hallábase el ejército Libertador escalonado en el departamento de Ancachs, preparándose a emprender las operaciones de la campaña que, en agosto de ese año, dio por resultado la batalla de Junín y cuatro meses más tarde el espléndido triunfo de Ayacucho.

Bolívar residía en Caraz con su Estado mayor, la caballería que mandaba Necochea, la división peruana de La Mar, y los batallones Bogotá, Caracas, Pichincha y Voltíjeros, que tan bizarramente se batieron a las órdenes del bravo Córdova.

La división de Lara, formada por los batallones Vargas, Rifles y Vencedores, ocupaba cuarteles en la ciudad de Huaraz. Era la oficialidad de estos cuerpos un conjunto de jóvenes gallardos y calaveras, que así eran de indómita bravura en las lides de Marte como en las de Venus. A la vez que se alistaban para luchar heroicamente con el aguerrido y numeroso ejército realista, acometían en la vida de guarnición, con no menos arrojo y ardimiento, a las descendientes de los golosos desterrados del Paraíso.

La oficialidad colombiana era, pues, motivo de zozobra para las muchachas, de congoja para las madres y de cuita para los maridos; porque aquellos malditos militronchos no podían tropezar con un palmito medianamente apetitoso sin decir, como más tarde el valiente Córdova: Adelante, y paso de vencedor, y tomarse ciertas familiaridades capaces de dar retortijones al marido menos escamado y quisquilloso. ¡Vaya si eran confianzudos los Libertadores! Para ellos

estaban abiertas las puertas de todas las casas, y era inútil
que alguna se les cerrase, pues tenían siempre su modo de
matar pulgas y de entrar en ella como en plaza conquistada.
Además, nadie se atrevía a tratarlos con despego: primero,
porque estaban de moda; segundo, porque habría sido mucha ingratitud hacer ascos a los que venían desde las már-
genes del Cauca y del Apure a ayudarnos a romper el aro y
participar de nuestros reveses y de nuestras glorias, y tercero,
porque en la patria vieja nadie quería sentar plaza de patriota tibio.

Teniendo la división Lara una regular banda de música,
los oficiales, que, como hemos dicho, eran gente amiga del
jolgorio, se dirigían con ella después de la lista de ocho a la
casa que en antojo les venía, e improvisaban un baile para
el que la dueña de la casa comprometía a sus amigas de la
vecindad.

Una señora, a la que llamaremos la señora de Munar, viuda de un acaudalado español, habitaba en una de las casas
próximas a la plaza en compañía de dos hijas y de dos sobri-
nas, muchachas todas en condición de aspirar a inmediato
casorio, pues eran lindas, ricas, bien endoctrinadas y perte-
necientes a la antigua aristocracia del lugar. Tenían lo que
entonces se llamaba sal, pimienta, orégano y cominillo; es
decir, las cuatro cosas que los que venían de la península
buscaban en la mujer americana.

Aunque la señora de Munar, por lealtad sin duda a la memoria de su difunto, era goda y requetegoda, no pudo una
noche excusarse de recibir en su salón a los caballeritos colombianos, que a son de música manifestaron deseo de ar-
mar jarana en el aristocrático hogar.

Por lo que atañe a las muchachas, sabido es que el alma
les brinca en el cuerpo cuando se trata de zarandear a dúo el
costalito de las tentaciones.

La señora de Munar tragaba saliva a cada piropo que los oficiales endilgaban a las doncellas, y ora daba un pellizco a la sobrina que se descantillaba con una palabrita animadora, o en voz baja llamaba al orden a la hija que prestaba más atención de la que exige la buena crianza de las garatusas de un Libertador.

Medianoche era ya pasada cuando una de las niñas, cuyos encantos habían sublevado los sentidos del capitán de la cuarta compañía del batallón Vargas, sintióse indispuesta y se retiró a su cuarto. El enamorado y libertino capitán, creyendo burlar al Argos de la madre, fuese a buscar el nido de la paloma. Resistíase ésta a las exigencias del tenorio, que probablemente llevaban camino de pasar de turbio a castaño oscuro, cuando una mano se apoderó con rapidez de la espada que el oficial llevaba al cinto y le clavó la hoja en el costado.

Quien así castigaba al hombre que pretendió llevar la deshonra al seno de una familia era la anciana señora de Munar.

El capitán se lanzó al salón cubriéndose la herida con las manos. Sus compañeros, de quienes era muy querido, armaron gran estrépito, y después de rodear la casa con soldados y de dejar preso a todo títere con faldas, condujeron al moribundo al cuartel.

Terminaba Bolívar de almorzar cuando tuvo noticia de tamaño escándalo y en el acto montó a caballo e hizo en poquísimas horas el camino de Caraz a Huaraz.

Aquél día se comunicó al ejército la siguiente «ORDEN GENERAL».

Su Excelencia el Libertador ha sabido con indignación que la gloriosa bandera de Colombia, cuya custodia encomendó al batallón Vargas, ha sido infamada por los mismos que debieron ser más celosos de su honra y esplendor, y en consecuencia, para ejemplar castigo del delito, dispone: «1.º El batallón Vargas ocupará el último número de la línea, y su bandera permanecerá depositada en poder del general en jefe hasta que, por una victoria sobre el enemigo, borre de dicho cuerpo la infamia que sobre él ha caído.

«2.º El cadáver del delincuente será sepultado sin los honores de ordenanza, y la hoja de la espada que Colombia le diera, para defensa de la libertad y la moral, se romperá por el furriel en presencia de la compañía».

Digna del gran Bolívar es tal orden general. Solo con ella podía conservar su prestigio la causa de la Independencia y retemplarse la disciplina militar.

Sucre, Córdova, Lara y todos los jefes de Colombia se empeñaron con Bolívar para que derogase el artículo en que degradaba al batallón Vargas por culpa de uno de sus oficiales. El Libertador se mantuvo inflexible durante tres días, al cabo de los cuales creyó político ceder. La lección de moralidad estaba dada, y poco significaba ya la subsistencia del primer artículo.

Vargas borró la mancha de Huaraz con el denuedo que desplegó en Matará y en la batalla de Ayacucho.

Después de sepultado el capitán colombiano, dirigióse Bolívar a casa de la señora de Munar y la dijo:

—Saludo a la digna matrona con todo el respeto que merece la mujer que, en su misma debilidad, supo hallar fuerzas para salvar su honra y la honra de los suyos.

La señora de Munar dejó desde ese instante de ser goda, y contestó con entusiasmo:

—¡Viva el Libertador! ¡Viva la patria!

Bolívar y el cronista Calancha

A Aurelio García y García

I

Después de la batalla de Ayacucho había en el Perú gente que no daba el brazo a torcer; y que todavía abrigaba la esperanza de que el rey Fernando VII mandase de la metrópoli un ejército para someter a la obediencia a sus rebeldes vasallos. La obstinación de Rodil en el Callao y la resistencia de Quintanilla en Chiloé, daban vigor a esta loca creencia del círculo godo; y aun desaparecidos de la escena estos empecinados jefes, hubo en Bolivia, a fines de 1828, un cura, Salvatierra, y un don Francisco Javier de Aguilera que alzaron bandera por su majestad. Verdad es que dejaron los dientes en la tajada.

Lo positivo es que entre republicanos nuevos y monarquistas añejos había una de no entenderse, y cada cual tiraba de la manta a riesgo de hacerla jirones. No sin razón decía un propietario de aquellos tiempos: «La madre patria me ha quitado dinero y alhajas, y el padre rey,[10] ganados y granos. No me queda más que el pellejo; ¿quién lo quiere?».

Existe en el campo de batalla de Ayacucho una choza o casuca habitada por Sucre el día de la acción. Pocas horas después de alcanzada la victoria, uno de los ayudantes del general puso en la pared esta inscripción:

9 de diciembre de 1824
postrer día del despotismo

10 Padre rey, referencia humorística a San Martín, en oposición a España como madre patria.

Una semana más tarde se alojaba en la misma choza la marquesita de Mozobamba del Pozo, peruana muy goda, y añadía estas palabras:

Y primero de lo mismo

En el Cuzco, último baluarte del virrey La Serna, había un partido compacto, aunque diminuto, por la causa de España. Componíanlo veinte o treinta familias de sangre azul como el añil, que no podían conformarse con que la República hubiera venido a hacer tabla rasa de pergamino y privilegios. Y tan cierto es que la política colonial supo poner raya divisoria entre conquistadores y conquistados, que para probarlo me bastará citar el bando que en 17 de julio de 1706 hizo promulgar la Real Audiencia disponiendo que ningún indio, mestizo, ni hombre alguno que no fuera español, pudiese traficar, tener tienda, ni vender géneros por las calles, por no ser decente que se ladeasen con los peninsulares que tenían ese ejercicio, debiendo los primeros ocuparse solo de oficios mecánicos.

Mientras los patriotas usaban capas de colores oscuros, los recalcitrantes realistas adoptaron capas de paño grana; y sus mujeres, dejando para las insurgentes el uso de perlas y brillantes, se dieron a lucir zarcillos o aretes de oro.

Con tal motivo cantaban los patriotas en los bailes populares esta redondilla:

¡Tanta capa colorada
y tanto zarcillo de oro!...
Si fuera la vaca honrada
cuernos no tuviera el toro.

A la sazón dirigióse al Cuzco el Libertador Bolívar, donde el 26 de junio de 1825 fue recibido con gran pompa, por entre arcos triunfales y pisando alfombras de flores. Veintinueve días permaneció don Simón en la ciudad de los Incas, veintinueve días de bailes, banquetes y fiestas. Para conmemorar la visita de tan ilustre huésped se acuñaron medallas de oro, plata y cobre con el busto del Padre y Libertador de esta tierra peruana, tan asendereada después.

Bolívar estaba entonces en la plenitud de su gloria, y de aquí el retrato que de él nos ha legado un concienzudo historiador, y que yo tengo la llaneza de copiar: «Era el Libertador delgado y de algo menos que regular estatura. Vestía bien, y su aire era franco y militar. Era muy fuerte y atrevido jinete. Aunque sus maneras eran buenas y sin afectación, a primera vista no predisponía mucho en su favor. Sus ojos, negros y penetrantes; pero al hablar no miraba de frente. Nariz bien formada, frente alta y ancha y barba afilada. La expresión de su semblante, cautelosa, triste y algunas veces de fiereza. Su carácter, viciado por adulación, arrogante, caprichoso y con ligera propensión al insulto. Muy apasionado del bello sexo; pero extremadamente celoso. Tenía gran afición a valsear, y era muy ligero; pero bailaba sin gracia. No fumaba ni permitía fumar en su presencia. Nunca se presentaba en público sin gran comitiva y aparato, y era celoso de las formas de etiqueta. Su actividad era maravillosa, y en su casa vivía siempre leyendo, dictando o hablando. Su lectura favorita era de libros franceses, y de allí vienen los galicismos de su estilo. Hablando bien y fácilmente, le gustaba mucho pronunciar discursos y brindis. Daba grandes convites; pero era muy parco en beber y comer. Muy desinteresado del dinero, era insaciablemente ávido de gloria».

El mariscal Miller, que trató con intimidad a Bolívar, y Lorente y Vicuña Mackenna, que no alcanzaron a conocerlo, dicen que la voz del Libertador era gruesa y áspera. Podría citar el testimonio de muchísimos próceres de la Independencia que aún viven, y que sostienen que la voz del vencedor de España era delgada, y que tenía inflexiones que a veces la asemejaban a un chillido, sobre todo cuando estaba irritado.

El viajero Laffond dice: «Los signos más característicos de Bolívar eran un orgullo muy marcado, lo que presentaba un gran contraste con no mirar de frente sino a los muy inferiores. El tono que empleaba con sus generales era extremadamente altanero, sin embargo que sus maneras eran distinguidas y revelaban haber recibido muy buena educación. Aunque su lenguaje fuese algunas veces grosero, esa grosería era afectada, pues la empleaba para darse un aire más militar».

Casi igual retrato hace el general don Jerónimo Espejo, quien en un interesantísimo libro, publicado en Buenos Aires en 1873, sobre la entrevista de Guayaquil, refiere, para dar idea de la vanidad de Bolívar, que en uno de los banquetes que se efectuaron entonces dijo el futuro Libertador: «Brindo, señores, por los dos hombres más grandes de la América del Sur: el general San Martín y yo». Francamente, nos parece sospechoso el brindis, y perdone el venerable general Espejo que lo sujetemos a cuarentena. Bolívar pudo ser todo, menos tonto de capirote.

Otro escritor, pintando la arrogancia de Bolívar y su propensión a humillar a los que lo rodeaban, dice que una noche entró el Libertador, acompañado de Monteagudo,[11] en un salón de baile, y que, al quitarse el sombrero, lo pasó para que éste se lo recibiera. El altivo Monteagudo se hizo el remolón,

11 Monteagudo, v. segunda nota de «Una moza de rompe y raja».

y volviendo la cara hacia el grupo de acompañantes, gritó:
«Un criado que reciba el sombrero de su excelencia».

En cuanto al retrato que de Bolívar hace Pruvonena,[12] lo
juzgamos desautorizado y fruto del capricho y de la enemistad política y personal.

II

Pasadas las primeras y más estrepitosas fiestas, quiso Bolívar
examinar si los cuzqueños estaban contentos con sus autoridades; y a cuantos lo visitaban, pedía informes sobre el carácter, conducta e ideas políticas de los hombres que desempeñaban algún cargo importante.

Como era natural, recibía informes contradictorios. Para
unos, tal empleado era patriota, honrado e inteligente; y el
mismo, para otros, era godo, pícaro y bruto.

Sin embargo, hubo un animal presupuestívoro (léase empleado) de quien nemine discrepante todos, grandes y chicos,
se hacían lenguas para recomendarlo al Libertador.

Maravillado Bolívar de encontrar tal uniformidad de opiniones, llegó a menear la cabeza, murmurando entre dientes:

—¡La pim... pinela! No puede ser.

Y luego, alzando la voz, preguntaba:

—¿Juega?

—Ni a las tabas ni a la brisca, excelentísimo señor.

—¿Bebe?

—Agua pura, excelentísimo señor.

—¿Enamora?

—Es marido ejemplar, excelentísimo señor.

—¿Roba?

12 Pruvonena: anagrama (un peruano) del mariscal José de la Riva
   Agüero. V. la primera parte de «Una moza de rompe y raja».

67

—Ni el tiempo, excelentísimo señor.

—¿Blasfema?

—Cristiano viejo es, señor excelentísimo, y cumple por cuaresma con el precepto.

—¿Usa capa colorada?

—Más azul que el cielo, excelentísimo señor.

—¿Es rico?

—Heredó unos terrenos y una casa y, ayudado con el sueldecito, pasa la vida a tragos, excelentísimo señor.

Aburrido, Bolívar ponía fin a su interrogatorio lanzando su favorita y ya histórica interjección.

Cuando se despedía el visitante, dirigíase el general a su secretario don Felipe Santiago Estenós:

—¿Qué dice usted de esto, doctorcito?

—Señor, que no puede ser —contestaba el hábil secretario—. Un hombre de quien nadie habla mal es más santo que los que hay en los altares.

—¡No —insistía don Simón—, pues yo no descanso hasta tropezar con alguien que ponga a ese hombre como nuevo! Y su excelencia llamaba a otro vecino, y vuelta al diálogo y a oír las mismas respuestas, y torna a despedir al informante y a proferir la interjección consabida.

Así llegó el 25 de julio, víspera del día señalado por Bolívar para continuar su viaje triunfal hasta Potosí, y las autoridades y empleados andaban temerosas de una poda o reforma que diese por resultado traslaciones y cesantías.

A medianoche salió el Libertador de su cuarto, con un abultado libro forrado en pergamino, y gritando como un loco:

—¡Estenós! ¡Estenós! Ya saltó la liebre.

—¿Qué liebre, mi general? —preguntó, alelado, el buen don Felipe Santiago.

—Lea usted lo que dice aquí este fraile, al que declaro desde hoy más sabio que Salomón y los siete de la Grecia. ¡Boliviano había de ser! —añadió con cierta burlona fatuidad.

Estenós tomó el libro. Era la Crónica Agustina, escrita en la primera mitad del siglo XVII por fray Antonio de la Calancha, natural de Chuquisaca.

El secretario leyó en el infolio: No es más infeliz el que no tiene amigos, sino el que no tiene enemigos; porque eso prueba que no tiene honra que le murmuren, valor que le teman, riqueza que le codicien, bienes que le esperen, ni nada bueno que le envidien.

Y de una plumada quedó nuestro hombre destituido de su empleo, pues don Simón formuló el siguiente raciocinio:

—O ese individuo es un intrigante contemporizador, que está bien con el diablo y con la corte celestial, o un memo a quien todos manejan a su antojo. En cualquiera de los dos casos, no sirve para el servicio, como dice la ordenanza.

En cuanto a los demás empleados, desde el prefecto al portero, no hizo el Libertador alteración alguna: ¿Tuvo razón Bolívar? Tengo para mí que el agustino Calancha... no era fraile de manga ancha.

Las tres éceteras del Libertador

I

A fines de mayo de 1824 recibió el gobernador de la por entonces villa de San Ildefonso de Caraz, don Pablo Guzmán, un oficio del jefe de Estado mayor del ejército independiente, fechado en Huaylas, en el que se le prevenía que, debiendo llegar dos días más tarde a la que desde 1868 fue elevada a la categoría de ciudad una de las divisiones, aprestase sin pérdida de tiempo cuarteles, reses para rancho de la tropa y forraje para la caballada.

Ítem se le ordenaba que para su excelencia el Libertador alistase cómodo y decente alojamiento, con buena mesa, buena cama y etc., etc., etc.

Que Bolívar tuvo gustos sibaríticos es tema que ya no se discute, y dice muy bien Menéndez y Pelayo cuando dice que la historia saca partido de todo, y que no es raro encontrar en lo pequeño la revelación de lo grande. Muchas veces, sin parar mientes en ello, oí a los militares de la ya extinguida generación que nos dio Patria e Independencia decir, cuando se proponían exagerar el gasto que una persona hiciera en el consumo de determinado artículo de no imperiosa necesidad: «Hombre, usted gasta en cigarrillos (por ejemplo) más que el Libertador en agua de colonia».

Que don Simón Bolívar cuidase mucho del aseo de su personita y que consumiera diariamente hasta un frasco de agua de colonia, a fe que a nadie debe maravillar. Hacía bien, y le alabo la pulcritud. Pero es el caso que en los cuatro años de su permanencia en el Perú, tuvo el Tesoro nacional que pagar ocho mil pesos, ¡¡¡8.000!!!, invertidos en agua de colonia

71

para uso y consumo de su excelencia el Libertador, gasto que corre parejas con la partida aquella del Gran Capitán: «En hachas, picas y azadones, tres millones».

Yo no invento. A no haber desaparecido en 1884, por consecuencia de voraz (y acaso malicioso) incendio, el archivo del Tribunal mayor de cuentas, podría exhibir copia certificada del reparo que a esa partida puso el vocal a quien se encomendó, en 1829, el examen de cuentas de la comisaría del Libertador.

Lógico era, pues, que para el sibarita don Simón aprestasen en Caraz buena casa, buena mesa y etc., etc., etc.

Como las pulgas se hicieron, de preferencia, para los perros flacos, estas tres etc. dieron mucho en qué cavilar al bueno del gobernador, que era hombre de los que tienen el talento encerrado en jeringuilla y más tupido que caldos de habas.

Resultado de sus cavilaciones fue el convocar, para pedirles consejo, a don Domingo Guerrero, don Felipe Gastelumendi, don Justino de Milla y don Jacobo Campos, que eran, como si dijéramos, los caciques u hombres prominentes del vecindario.

Uno de los consultados, mozo que se preciaba de no sufrir mal de piedra en el cerebro, dijo:

—¿Sabe usted, señor don Pablo, lo que en castellano quiere decir etc.?

—Me gusta la pregunta. En priesa me ven y doncellez me demandan, como dijo una pazpuerca. No he olvidado todavía mi latín, y sé bien que etc. significa y lo demás, señor don Jacobo.

—Pues entonces, lechuga, ¿por qué te arrugas? ¡Si la cosa está más clara que el agua de puquio! ¿No se ha fijado usted en que esas tres etc. están puestas a continuación del encargo de buena cama?

—¡Vaya si me he fijado! Pero con ello nada saco en limpio. Ese señor jefe de Estado mayor debió escribir como Cristo nos enseña: pan, pan, y vino, vino, y no fatigarme en que le adivine el pensamiento.

—Pero, hombre de Dios, ¡ni que fuera usted de los que no compran cebolla por no cargar rabo! ¿Concibe usted buena cama sin una etc. siquiera? ¿No cae usted todavía en la cuenta de lo que el Libertador, que es muy devoto de Venus, necesita para su gasto diario?

—No diga usted más, compañero —interrumpió don Felipe Gastelumendi—. A moza por etc., si mi cuenta no marra.

—Pues a buscar tres ninfas, señor gobernador —dijo don Justino de Milla—, en obedecimiento al superior mandato, y no se empeñe usted en escogerlas entre las muchachas de zapato de ponleví y basquiña de chamelote, que su excelencia, según mis noticias, ha de darse por bien servido siempre que las chicas sean como para la cena de Nochebuena.

Según don Justino, en materia de paladar erótico era Bolívar como aquel bebedor de cerveza a quien preguntó el criado de la fonda: «¿Qué cerveza prefiere usted que le sirva: blanca o negra?». «Sírvemela mulata».

—¿Y usted qué opina? —preguntó el gobernador, dirigiéndose a don Domingo Guerrero.

—Hombre —contestó don Domingo—, para mí la cosa no tiene vuelta de hoja, y ya está usted perdiendo el tiempo que ha debido emplear en proveerse de etc.

II

Si don Simón Bolívar no hubiera tenido en asunto de faldas aficiones de sultán oriental, de fijo que no figuraría en la historia como Libertador de cinco repúblicas. Las mujeres le salvaron siempre la vida, pues mi amigo García Tosta, que está muy al dedillo informado en la vida privada del héroe, refiere dos trances que en 1824 eran ya conocidos en el Perú.

Apuntemos el primero. Hallándose Bolívar en Jamaica en 1810,[13] el feroz Morillo o su teniente Morales enviaron a Kingston un asesino, el cual clavó por dos veces un puñal en el pecho del comandante Amestoy, que se había acostado sobre la hamaca en que acostumbraba dormir el general. Éste, por causa de una lluvia torrencial, había pasado la noche en brazos de Luisa Crober, preciosa joven dominicana, a la que bien podía cantársele lo de:

> Morena del alma mía;
> morena, por tu querer pasaría
> yo la mar en barquito de papel.

Hablemos del segundo lance. Casi dos años después, el español Renovales penetró a medianoche en el campamento patriota, se introdujo en la tienda de campaña, en la que había dos hamacas, y mató al coronel Garrido, que ocupaba una de éstas. La de don Simón estaba vacía porque el propietario andaba de aventura amorosa en una quinta de la vecindad.

Aunque parezca fuera de oportunidad, vale la pena recordar que en la noche del 25 de setiembre, en Bogotá, fue también una mujer quien salvó la existencia del Libertador, que resistía a huir de los conjurados, diciéndole: «De la mujer, el consejo», presentándose ella ante los asesinos, a los que supo detener mientras su amante escapaba por una ventana.

13 En realidad Bolívar llega a Jamaica en 1815.

III

La fama de mujeriego que había precedido a Bolívar contribuyó en mucho a que el gobernador encontrara lógica y acertada la descifración que de las tres etc. hicieron sus amigos, y después de pasar mentalmente revista a todas las muchachas bonitas de la villa, se decidió por tres de las que le parecieron de más sobresaliente belleza. A cada una de ellas podía, sin escrúpulo, cantársele esta copla:

> De las flores, la violeta;
> de los emblemas, la cruz;
> de las naciones, mi tierra,
> y de las mujeres, tú.

Dos horas antes de que Bolívar llegara, se dirigió el capitán de cívicos don Martín Gamero, por mandato de la autoridad, a casa de las escogidas, y sin muchos preámbulos las declaró presas, y en calidad de tales las condujo al domicilio preparado para alojamiento del Libertador. En vano protestaron las madres, alegando que sus hijas no eran godas, sino patriotas hasta la pared del frente. Ya se sabe que el derecho de protesta es derecho femenino, y que las protestas se reservan para ser atendidas el día del juicio, a la hora de encender faroles.

—¿Por qué se lleva usted a mi hija? —gritaba una madre.

—¿Qué quiere usted que haga? —contestaba el pobrete capitán de cívicos—. Me la llevo de orden suprema.

—Pues no cumpla usted tal orden —argumentaba otra vieja.

—¿Que no cumpla? ¿Está usted loca, comadre? Parece que usted quisiera que la complazca por sus ojos bellidos, para que luego el Libertador me fría por la desobediencia. No, hija, no entro en componendas.

Entre tanto, el gobernador Guzmán, con los notables, salió a recibir a su excelencia a media legua de camino. Bolívar le preguntó si estaba listo el rancho para la tropa, si los cuarteles ofrecían comodidad, si el forraje era abundante, si era decente la posada en que iba a alojarse; en fin, lo abrumó a preguntas. Pero, y esto chocaba a don Pablo, ni una palabra que revelase curiosidad entre las cualidades y méritos de las etc. cautivas.

Felizmente para las atribuladas familias, el Libertador entró en San Ildefonso de Caraz a las dos de la tarde, impúsose de lo ocurrido, y ordenó que se abriese la jaula a las palomas, sin siquiera ejercer la prerrogativa de una vista de ojos. Verdad que Bolívar estaba por entonces libre de tentaciones, pues traía desde Huaylas (supongo que en el equipaje) a Manolita Madroño, que era una chica de dieciocho años, de lo más guapo que Dios creara en el género femenino del departamento de Ancachs.

Enseguida le echó don Simón al gobernadorcillo una repasada de aquellas que él sabía echar y lo destituyó del cargo.

La carta de «la Libertadora»

I

Los limeños que por los años de 1825 a 1826 oyeron cantar
en la catedral, entre la Epístola y el Evangelio, a guisa de
antífona:

> De ti viene todo
> lo bueno, Señor;
> nos diste a Bolívar,
> gloria a ti, gran Dios.

transmitieron a sus hijas, limeñas de los tiempos de mi mo-
cedad, una frase que, según ellas, tenía mucho entripado y
nada de cuodlibeto. Esta frase era: la carta de la Libertadora.

A galán marrullero, que pasaba meses y meses en chafaldi-
tas y ciquiritacas tenaces, pero insustanciales, con una chica,
lo asaltaba de improviso la madre de ella con estas palabras:

—Oiga usted, mi amigo, todo está muy bueno; pero mi
hija no tiene tiempo que perder, ni yo aspiro a catedrática en
echacorvería. Conque así, o se casa usted pronto, prontito, o
da por escrita y recibida la carta de la Libertadora.

—¿Qué es de Fulano? ¿Por qué se ha retirado de tu casa?
—preguntaba una amiga a otra.

—Ya eso se acabó, hija —contestaba la interpelada—. Mi
mamá le escribió la carta de la Libertadora.

La susodicha epístola era, pues, equivalente a una notifica-
ción de desahucio, a darle a uno con la puerta en las narices
y propinarle calabazas en toda regla.

Hasta mosconas y perendecas rabisalseras se daban tono con la frase: «Le he dicho a usted que no hay posada, y dale a desensillar. Si lo quiere usted más claro, le escribiré la carta de la Libertadora».

Por supuesto que ninguna limeña de mis juveniles tiempos, en que ya habían pasado de moda los versitos de la antífona, para ser reemplazados con estos otros:

> Bolívar fundió a los godos
> y desde ese infausto día
> por un tirano que había
> se hicieron tiranos todos;

por supuesto, repito, que ninguna había podido leer la carta, que debió de ser mucha carta, pues de tanta fama disfrutaba. Y tengo para mí que las mismas contemporáneas de doña Manolita Sáenz (la Libertadora) no conocieron el documento sino por referencias.

El cómo he alcanzado yo a adquirir copia de la carta de la Libertadora, para tener el gusto de echarla hoy a los cuatro vientos, es asunto que tiene historia, y, por ende, merece párrafo aparte.

II

El presidente de Venezuela, general Guzmán Blanco, dispuso, allá por los años de 1880, que por la imprenta del Estado se publicase en Caracas una compilación de cartas a Bolívar, de las que fue poseedor el general Florencio O'Leary.

Terminada la importantísima publicación, quiso el Gobierno completarlas dando también a la luz las Memorias de O'Leary, y, en efecto, llegaron a repartirse veintiséis tomos.

Casi al concluirse estaba la impresión del tomo 27, pues lo impreso alcanzó hasta la página 512, cuando, por causa que no nos hemos fatigado en averiguar, hizo el Gobierno un auto de fe con los pliegos ya tirados, salvándose de las llamas únicamente un ejemplar que conserva Guzmán Blanco, otro que posee el encargado de corregir las pruebas y dos ejemplares más que existen en poder de literatos venezolanos, que, en su impaciencia por leer, consiguieron de la amistad que con el impresor les ligara que éste les diera un ejemplar de cada pliego a medida que salían de la prensa.

Nosotros no hemos tenido la for tuna de ver un solo ejemplar del infortunado tomo 27, cuyos poseedores diz que lo enseñaron a los bibliófilos con más orgullo que Rothschild el famoso billete de banco por un millón de libras esterlinas.[14]

Gracias a nuestro excelente amigo el literato caraqueño Arístides Rojas supimos que en ese tomo figura la carta de la Libertadora a su esposo el doctor Thorne. Éste escribía constantemente a doña Manolita solicitando una reconciliación, por supuesto sobre la base de lo pasado, pasado, cuenta nueva y baraja ídem.

—El médico inglés —me decía Rojas— se había convertido de hombre serio en niño llorón, y era, por tanto, más digno de babador que de corbata.

Y el doctor Thorne era de la misma pasta de aquel marido que le dijo a su mujer:

—¡Canalla! Me has traicionado con mi mejor amigo.

—¡Mal agradecido! —le contestó ella, que era de las hembras que tienen menos vergüenza que una gata de techo—. ¿No sería peor que te hubiera engañado con un extraño? Toro a la plaza. Ahí va la carta.

14 En 1916 hemos conseguido un ejemplar del anatematizado tomo 27 hasta la pág. 512.

III

«No, no, no, no más, hombre, ¡por Dios! ¿Por qué me hace usted faltar a mi resolución de no escribirle? Vamos, ¿qué adelanta usted sino hacerme pasar por el dolor de decirle mil veces que no? «Usted es bueno, excelente, inimitable; jamás diré otra cosa sino lo que es usted. Pero, mi amigo, dejar a usted por el general Bolívar es algo; dejar a otro marido sin las cualidades de usted, sería nada.

«¿Y usted cree que yo, después de ser la predilecta de Bolívar, y con la seguridad de poseer su corazón, preferiría ser la mujer de otro, ni del Padre, ni del Hijo, ni del Espíritu Santo, o sea de la Santísima Trinidad? «Yo sé muy bien que nada puede unirme a Bolívar bajo los auspicios de lo que usted llama honor. ¿Me cree usted menos honrada por ser él mi amante y no mi marido? ¡Ah!, yo no vivo de las preocupaciones sociales.

«Déjeme usted en paz, mi querido inglés. Hagamos otra cosa. En el cielo nos volveremos a casar; pero en la tierra, no.

«¿Cree usted malo este convenio? Entonces diría que es usted muy descontentadizo.

«En la patria celestial pasaremos una vida angélica, que allá todo será a la inglesa, porque la vida monótona está reservada a su nación, en amor se entiende; pues en lo demás, ¿quiénes más hábiles para el comercio? El amor les acomoda sin entusiasmo; la conversación, sin gracia; la chanza, sin risa; el saludar, con reverencia; el caminar, despacio; el sentarse, con cuidado. Todas éstas son formalidades divinas; pero a mí, miserable mor tal, que me río de mí misma, de usted y de todas las seriedades inglesas, no me cuadra vivir sobre la tierra condenada a Inglaterra perpetua.

«Formalmente, sin reírme, y con toda la seriedad de una inglesa, digo que no me juntaré jamás con usted. No, no y no.

«Su invariable amiga,
Manuela».

IV

Si don Simón Bolívar hubiera tropezado un día con el inglés, seguro que entre los dos habría habido el siguiente diálogo:

—Como yo vuelva a saber
que escribe a mi Dulcinea...
—¡Pero, hombre, si es mi mujer!
—¡Qué importa que lo sea!

¿No le parece a ustedes que la cartita es merecedora de la fama que alcanzó, y que más claro y repiqueteado no cacarea una gallina?

Juicios literarios
Miguel Cané

Pocos días antes del centenario del general San Martín, me di el placer de hacer una visita a mi respetabilísimo amigo el doctor don Juan María Gutiérrez, uno de los hombres, nacidos en este continente, más profundamente animado por el sentimiento americano.

Charlábamos sobre la conferencia literaria que debía celebrarse en honor del Libertador de tres naciones.

Él, con su inalterable buena voluntad, había aceptado el compromiso de presentar un trabajo histórico sobre San Martín, y había elegido como tema los esfuerzos del héroe para levantar el nivel intelectual de los pueblos que acababan de despertar a la vida libre e independiente. Don Bartolomé Mitre, por su lado, y bajo el título irónico de Las cuentas del gran capitán, remitió un interesantísimo artículo, presentando al vencedor de Maypú como un tipo acabado de pobreza y desprendimiento. Los poetas hablaron también: Ricardo Gutiérrez, Carlos Encina y Olegario Andrade doblaron reverentes la rodilla ante el padre de nuestra independencia, cantando su cuna humildemente perdida entre los bosques de las Misiones y su tumba iluminada por la bendición de un mundo entero.

Don Juan María Gutiérrez me presentaba sus quejas contra nuestra generación que, en materia de literatura, no tenía ideal patrio. «Viven ustedes —me decía— en un mundo ficticio. Tome usted esos tres poetas cuyos versos van a ser mañana aplaudidos, y dígame si es posible encontrar en ellos la expresión de nuestra sociabilidad propia, el eco de nuestros dolores históricos, la voz de una aspiración americana. Son todos ustedes europeos en la forma y en el fondo; porque sus producciones están impregnadas del sentimentalismo enfermizo de Byron, del escepticismo cáustico de Heine o del enervante pesimismo de Leopardi, precisamente cuando todas esas anomalías morales empiezan a perder su crédito en el viejo mundo. Fijen, por Dios, sus ojos y su alma en esta tierra americana, que les abrirá cariñosa el tesoro que encierra en su tradición; identifiquen su ideal con el del pueblo en cuyo seno han nacido, y dejen al pasado enterrar sus muertos. He pasado las últimas noches leyendo las *Tradiciones peruanas* de Ricardo Palma, y pocos libros han respondido más eficazmente a la necesidad que siente mi espíritu de ver llegada la hora en que la literatura americana no sea una planta exótica en suelo americano. Tengo cariño y gratitud por ese escritor brillante que honra las letras de su patria. Le he enviado mi palabra de aliento, y espero reciba con agrado el aplauso del viejo veterano tan cerca ya de la tumba».

¡Tan cerca ya de la tumba! ¡Pobre maestro querido! ¡Tres días después, vencido por las emociones profundas que las fiestas del centenario habían desenvuelto en su alma, dobló su cabeza generosa y se hundió en el reposo! ¡Quién me diera —decía sobre su féretro un noble francés— morir en mi patria, en el aniversario de Hoche o de Marceau! Fue un atleta de las letras argentinas. Su amor inalterable por las cosas bellas parecía haber iluminado su fisonomía, dando un brillo atrayente a sus cabellos blancos como los de Longfellow. Vivió en un mundo encantado, despreciando la ola furiosa del positivismo que pasaba a sus pies; se encerró en su modesto Túsculo y, como el poeta latino, empleó las horas de su vida en adornarlas de puras emociones. Pocas veces bajó a la prensa, esa arena ardiente que a todos nos tuesta y endurece el corazón; esa alma nutrix, como diría Janín, que a todos nos absorbe, pero que a todos nos levanta. Hundido en sus recuerdos, rodeado de sus esperanzas, estudió la manifestación de aquellos espíritus elevados que, para nosotros, son el pasado, y eran para él la juventud. En esa tarea, grave y tenaz, pero serena, su inteligencia parecía haberse pulido, su gusto purificado, y en la edad en que Voltaire empezaba a burlarse de todo y en que Goethe se encerraba en su profundo egoísmo, tenía acentos de entusiasmo juvenil, pesares de la adolescencia, emociones de los veinte años. No lo veis, como a Schiller joven o a Heine antes de la parálisis, echar de menos el mundo helénico y mirar con tristeza los astros del firmamento que hoy descompone el espectrómetro, y que ahora tres mil años eran dioses que poblaban los cielos y rejuvenecían al mundo al sacudir su cabellera, como dice Musset.

Cuando el nombre del doctor Gutiérrez cruza mi memoria, no puedo acallar el sentimiento de respeto que me invade. A más, si había nacido en suelo argentino, su patria intelectual era la América entera.

Tenía razón el viejo maestro al referirse al carácter del estro de los tres grandes poetas argentinos contemporáneos. Cada uno sigue la magnífica senda de su índole.

Dejad a Ricardo Gutiérrez las profundas evoluciones del alma, las amarguras de la vida, los rudos dolores, las angustias inagotables cuyo término solo existe en la fría soledad de las tumbas; campo infinito como el dolor, inmutable como la humana naturaleza.[15]

Dejad a Encina las maravillosas adivinaciones del sentimiento; su espíritu robusto poetiza toda noción que adquiere, como este suelo tropical levanta a las nubes la planta nacida del impalpable germen. Todos los sueños, todas las vagas aspiraciones de la humanidad hacia un ideal divino

15 «La fibra salvaje», «El libro de las lágrimas», etc.

han proyectado su sombra sobre esa inteligencia vigorosa que se ha retemplado en la lucha y que ha deslumbrado con brillo incomparable el día que una chispa de esperanza ha ido a alojarse en ella.[16]

El alma de Andrade debe haber animado el cuerpo de algún hombre primitivo, contemporáneo de los últimos y soberbios cataclismos de la naturaleza. El poeta, como Pitágoras, tiene la vaga reminiscencia de una vida anterior: recuerda las montañas que entreabren la tierra con su esfuerzo pujante y levantan sus crestas al cielo: cree oír los huracanes que estremecen el mar hasta las entrañas, y su mirada extática percibe aún las escenas ciclópeas de ese génesis maravilloso. Allí beben su inspiración esos cantos viriles y enérgicos; allí se condensan esas imágenes graníticas que sobrecogen al que las mira de improviso.[17]

Pero ninguno de ellos llena la misión del poeta americano, según la comprendía el doctor Gutiérrez: responden a un mundo moral que el cosmopolitismo de la sociabilidad argentina ha aclimatado en el Plata.

Los únicos trabajos de ese género, esencialmente americano y que el señor Palma ha llevado tan alto, pertenecen al doctor don Vicente F. López y fueron escritos en su juventud. Supongo que será aquí bien conocida su preciosa y característica novela La novia del hereje. Inéditos e inacabados tiene aún los manuscritos de algunos romances de la misma índole, como El conde de Buenos Aires (título que el rey de España dio a don Santiago Liniers por la defensa contra los ingleses); Martín Y (apodo que daban los patriotas al jefe de la conspiración española para contrarrestar el movimiento revolucionario, personaje que, como diría Palma, trabó íntima

16 «Canto a Colón», «El arte», «La idea», etc.
17 «Prometeo», «El nido de cóndores», «El arpa perdida», etc.

relación con la ene de palo), y El capitán Vargas, episodios
de la guerra de la Independencia. Más tarde, el doctor López
se entregó a estudios serios y profundos sobre este país, pu-
blicando su atrevido libro Las razas arianas del Perú, y emprendió los admirables estudios históricos publicados bajo
el nombre de Recuerdos del año XX. Los romances antes
mencionados esperan la última mano, y desgraciadamente
para las letras americanas temo la esperen aún largo tiempo.
El hijo del doctor López, Lucio Vicente López, apareció con
estruendo en el mundo de las letras, ahora diez años, publi-
cando su Canto al Cuzco, en el que revivía la vibrante poesía
india tan poderosamente reflejada en el Ollantay. Luego se
hizo abogado, hombre político, periodista, parlamentario de
primer orden, y las musas, que habían juzgado innecesario
hacerle rentas, se quedaron con un palmo de narices.

¡Honor, pues, a los leales! Y entre ellos, ¡honor máximo a
Ricardo Palma! Acabo de releer la mayor parte de las tradiciones del inimitable narrador. Si a Ossián es necesario leerlo
en la montaña, a Tennyson junto a un buen fuego en una
confortable villa inglesa, a Beaumarchais en París y al Tasso
en Florencia, sostengo que a Palma hay que leerlo en Lima.

Para el extranjero, el teatro casi no ha cambiado. No co-
nozco una ciudad que tenga un colorido más americano que
ésta. Dios se lo conserve, para reposar la mirada de aquellos
patiches europeos que se llaman Valparaíso, Santiago o Buenos Aires.

En cuanto a los personajes, fijad un poco la atención y la
mirada hasta que los ojos adquieran aquella potencia óptica
que, en la leyenda alemana, hace salir las figuras de las telas
y animarse los mármoles y bronces, y veréis encarnarse el
personaje tradicional y pasearse con toda tranquilidad por
esta noble ciudad de los reyes.

Ese es mi encanto en los libros de Palma.

La limeña que vuelve tarumba al virrey en persona con una mirada o un chiste, la he visto ayer salir de Santo Domingo con los ojos como ascuas bajo el encaje del manto, con un pie capaz de desaparecer en la juntura de dos piedras y aquel andar que hubiera hecho persignarse al mismo San Antonio.

Todos viven: el reverendo padre franciscano, redondo, satisfecho, regordete, con la unción en el semblante que da la digestión tranquila; el zambito físico, paquete, sonriente y decidor; el indio, paciente y manso; todos viven, repito; pero... ¡me falta el virrey! Y yo amo al virrey, cuando es genuino, legítimo, sin mezcla, cuando es virrey del Perú, en una palabra, y no aquella falsificación que se llamó virrey del Río de la Plata, venido a la vida en 1776, cuando los mismos reyes empezaban a liar petates y los criollos a tener veleidades de libre cambio, libertad de prensa y demás paparruchas que nos cayeron encima junto con la patria.

He ahí, a mi juicio, el puro timbre de gloria para Ricardo Palma. Walter Scott no ha dado más vida y movimiento al caballero de las Cruzadas, Monley al Taciturno, ni Macaulay a Jacobo II, que Palma a los virreyes del Perú. El azar no quiso que Moliére los conociera y nos privó de una obra maestra; pero el autor de las *Tradiciones peruanas* ha salvado el vacío de una manera prodigiosa.

Si todo lo que Palma cuenta no ha sucedido, peor para la historia. En cuanto a mí, declaro que, por egoísmo, no se me ocurre poner ni por un instante en duda cuanta afirmación hace el encantador.

Ivanhoe puede no haber existido; pero ni Thierr y ni Treeman dan, en sendos capítulos, una idea tan exacta del estado social de la Inglaterra en los tiempos que sucedieron a la conquista, como ese tipo, mitad sajón, mitad normando, formado con la más pura levadura histórica. La idea de la obra maestra de Agustín Thierr y le vino leyendo el *Ivanhoe* de Walter Scott. No es aventurado suponer que a las *Tradiciones peruanas* esté reservado el honor de inspirar alguna historia del virreinato del Perú, que tanta falta hace.

El estilo de Ricardo Palma es su propiedad exclusiva e inimitable; pero aquel que, engañado por su pureza castiza, le supusiera una filiación únicamente española, sufriría un grave error. No se alcanza esta perfección sin conocer a fondo los humoristas ingleses, especialmente Swift y Henr y Bayle; sin haber vivido en íntimo comercio con Moliére, y entre los alemanes con Heine y Jean Paul. Indudablemente que sobre todos ellos está Cervantes; pero es precisamente el carácter de nuestra literatura americana la base ecléctica en que se apoya. Todo eso ha tomado su nota individual al pasar por el espíritu de Palma, dando por resultado ese estilo, lleno de chispa y malicia, que roza siempre los hombres y las costumbres sin cortar hasta el hueso; que no se desmiente jamás, manteniéndose en la atmósfera de picaresca ingenuidad que lo hace delicioso.

Entre los exquisitos halagos que esta tierra ofrece al viajero argentino, no ha sido de los menos gratos para mí la lectura de las *Tradiciones peruanas* de Ricardo Palma en plena Lima.

Quiera el poeta aceptar esta descosida charla como la expresión de mi gratitud por las buenas horas que su libro me ha hecho vivir en el pasado.

Lima, febrero 7 de 1880.

Ricardo Palma fotograbado
Rubén Darío

Fui desde el callao a Lima, por solo conocerle, en febrero de
1888. De a bordo a tierra iba con un chileno que me decía:
«No vaya usted a verle; es como un ogro de terco». Yo pensaba para mi coleto: De un regaño no ha de pasar... Y ¡cáspi-
ta! recordaba mi *Canto épico a las glorias de Chile*.

Llevado por un coche que encontré en la calle de Mercade-
res, después de caminar un buen rato por aquellas calles de
la alegre ciudad de los virreyes, me encontré a las puertas de
la Biblioteca Nacional. Entré, y tras pasar largos corredores,
llegué al departamento del señor Director. Frente a la puerta
de su oficina me detuve un momento para admirar el célebre
cuadro de Montero *La muerte de Atahualpa*. Por fin, valor
y adelante. Dos golpecitos en la puerta... De un regaño no
ha de pasar... «¡Oh, mi señor don Darío Rubén!...». Ante
una mesa toda llena de papeles nuevos y viejos, viejos sobre
todo, estaba Ricardo Palma, y me recibía con una amable
sonrisa que me daba ánimos, debajo de sus espesos y canosos
bigotes retorcidos. ¡Figura simpática e interesante en verdad!
Mediano de cuerpo, ágil a pesar de su gruesa carga de años,
ojos brillantes que hablan y párpados movibles que subrayan
a veces lo que dicen los ojos, rápido gesto de buen conversador y palabra fácil y amena: ¡tal era el ogro! «Oh, mi señor
don Darío Rubén...» Así me saludó, así, poniendo el apellido
primero y el nombre después. Mi pobre nombre tiene esa ca-
pellanía. En diarios sudamericanos he leído: «El escritor que
se oculta bajo el seudónimo de Rubén Darío...». Sí, unos lo
creen seudónimo, otros lo colocan al revés, como el ingenio
de las *Tradiciones peruanas*, y otros, como don Juan Valera,
dicen que es un nombre «contrahecho o fingido...».

¡Válgame Dios! Pero dejo para otra vez el contar por qué mi nombre es judaico y mi apellido persa, y vuelvo a don Ricardo. Me habló de su vida entre papeles antiguos, llenos de polvo y polillas; de literatos chilenos amigos suyos; de su querida Biblioteca, que está restaurándose; de la guerra del Pacífico (ahora viene el regaño, pensé...); ¡de tantas cosas más! Luego me llevó a conocer todos los departamentos del edificio, el salón de pinturas y esculturas nacionales, el de lectura y los extensísimos de los libros y manuscritos. No pude menos que exclamar: «¡Rica Biblioteca!». Encendí la pólvora. Vino el regaño, pero no para mí; no apareció el ogro, sino el hombrecito vibrante y patriota: «¡Rica antes de que la destrozaran los chilenos! Cuando la ocupación, entraban los soldados ebrios a robarse los libros. ¡Vea usted, mi señor don Darío, vea usted!». Se acercó a un estante y tomó un precioso incunable, en una de cuyas páginas estaba escrito, con letra de Palma, que el libro había sido comprado en dos reales a un soldado de Chile. Me narraba atrocidades. Me dijo todo lo que había sufrido en los tiempos terribles. Y al oírle hablar todo nervioso, con voz conmovida, yo pensaba: «¿A qué hora le llegará su turno a mi *Canto épico*?». No le tocó.

Libros ingleses, libros alemanes, libros italianos y americanos, libros españoles, la vieja legión de clásicos y casi todos los autores modernos estaban en aquellas estanterías; y luego el amarillento archivo colonial, los cronicones vetustos, la vasta mina escabrosa de donde el brillante y original trabajador peruano saca a la luz del mundo literario el grano de oro sin liga, que resplandece con brillo alegre en sus tradiciones incomparables.

«Me da tristeza —me dijo— que la parte americana sea tan pobre.» Y en efecto, hacían falta muchas notables obras chilenas, argentinas, venezolanas, colombianas, ecuatorianas y con especialidad centroamericanas. Recuerdo que entre los libros de Guatemala encontré algunos de autores cubanos. Batres Montúfar, el príncipe de los conteurs en verso, estaba allí; pero no García Goyena, el egregio fabulista, honra de la América Central, aunque nacido en el Ecuador.

Pasamos luego a un gran salón donde están los retratos de los presidentes del Perú, destacándose entre ellos el del general Cáceres, en su caballo guerrero de belfo espumoso y brava estampa.

...Vi también el de aquel indio legendario que, correo de guerra, tomado por el enemigo, se comió las cartas que llevaba, antes que entregarlas, y murió fieramente.

Palma me explicaba todo, complaciente, afable, citando nombres y fechas, hasta que volvimos a su oficina, donde llama la atención en una de las paredes un gran cuadro formado con billetes de banco y sellos de correo peruanos.

Mientras él me hablaba de sus nuevos trabajos y de que pensaba entrar en arreglos con un editor de Buenos Aires para publicar una edición completa de sus *Tradiciones peruanas*, yo recordaba que, en el principio de mi juventud, me había parecido un hermoso sueño irrealizable estar frente a frente con el poeta de las *Armonías*, de quien me sabía desde niño aquello de

> ¡Parto, oh patria, desterrado!
> De tu cielo arrebolado
> mis miradas van en pos.
> Y en la estela
> que riela
> sobre la faz de los mares
> ¡ay! envió a mis hogares
> un adiós

y con el autor de tanta famosa tradición cuyo nombre ha alabado la prensa del mundo, desde el *Fígaro* de París hasta el último de nuestros periódicos. Y veía que el ogro no era tal ogro, sino un corazón bondadoso, una palabra alentadora y lisonjera, un conversador jovial, un ingenio en quien, con harta justicia, la América ve una gloria suya.

En sus juicios literarios se dejan ver sus conocimientos del arte y su fina percepción estética. Él es decidido afiliado a la corrección clásica, y respeta a la Academia. Pero comprende y admira el espíritu nuevo que hoy anima a un pequeño, pero triunfante y soberbio grupo de escritores y poetas de la América española: el modernismo. Conviene a saber: la elevación y la demostración en la crítica, con la prohibición de que el maestro de escuela anodino y el pedagogo chascarrillero penetren en el templo del arte; la libertad y el vuelo; el triunfo de lo bello sobre lo preceptivo, en la prosa, y la novedad en la poesía; dar color y vida y aire y flexibilidad al antiguo verso que sufría anquilosis, apretado entre tomados moldes de hierro. Por eso él, el impecable, el orfebre buscador de joyas viejas, el delicioso anticuario de frases y refranes, aplaude a Díaz Mirón, el poderoso, y a Gutiérrez Nájera, cuya pluma aristocrática no escribe para la burguesía literaria, y a Rafael Obligado, y a Puga Acal, y al chileno Tondreau, y al salvadoreño Gavidia, y al guatemalteco Domingo Estrada. Deleita oír a Palma tratar de asuntos filosóficos y artísticos, porque se advierte que en aquel cuerpo que se halla a las puertas de la ancianidad, corre una sangre viva y joven, y en aquella alma arde un fuego sagrado, que se derrama en claridades de nobilísimo entusiasmo.

Es la primera figura literaria que hoy tiene el Perú, junto con mi querido amigo el poeta Márquez, insigne traductor de Shakespeare. Y a propósito de poetas, en una de sus cartas me decía una vez don Ricardo: «Yo no soy poeta». Ante esta declaración, no hice sino recordar su magistral traducción de Victor Hugo, donde aparece, formidable y aterrador, aquel ojo que, desde lo infinito, está fijo mirando a Caín en todas partes. En cuanto a sus versos ligeros y jocosos, pocos hay que le aventajen en gracia y facilidad. Tienen la mayor parte de ellos un algo encantador, y es la nota limeña.

¡Lima! Ya lo he dicho en otra parte. Si Santiago es la fuerza, Lima es la gracia. Si queréis gozar ¡oh! los que leáis estas líneas, id a Lima, si tenéis dinero; y si no lo tenéis, id también. Hallaréis un delicioso clima, muchas flores, un cielo azul y radiante. Y sobre todo, allí encontraréis a la andaluza de América, a la mujer limeña, breve de pie y de mano, de boca roja y ojos que hipnotizan, incendian y enloquecen. Id al hermoso paseo de la Exposición, lleno de kioscos, alamedas, jardines y verdores alegres; id en las tardes de paseo, cuando están las mujeres entre los árboles y las rosas, como en una fiesta de hermosura, o en concurso de gracias, dominadoras y gentiles. O pasad por los por tales cuando, envueltas en sus mantos negros, pasan las damas que solo dejan ver algo de blancura rosada del rostro, en el que, incrustados como dos estrellas negras, están, encendidos de amor, los ojos bellos.

El pueblo de Lima canta con arpa. La cerveza de Lima es excelente. En la ciudad de Santa Rosa fabricóse un palacio la alegría. Lima gusta de los toros, como buena hija de España. Sus teatros son a menudo visitados por buenas troupes, y el público es inteligente y entusiasta por el arte. Flota aún sobre Lima algo del buen tiempo viejo, de la época colonial. Lima tiene paseos, plazas, estatuas. Sobre una gran columna, que conmemora el célebre 2 de mayo, se alza líricamente una fama que emboca su sonoro clarín. En otro lugar he visto a

Simón Bolívar en su caballo de bronce, con la espada victoriosa en su diestra de héroe. Lima es católica, pero está llena de masones. En Lima hay familias de noble y pura sangre española. En el pueblo de Lima se puede notar ahora la más extraña confusión de razas: chino y negro, blanco y chino, indio y blanco, y las variaciones consiguientes. El cholo es débil, pero canta claro y es añagacero. Lima es pintoresca, franca, hospitalaria, garbosa, complaciente y risueña. El que entra en Lima está en el reino del placer. En Lima no llueve nunca. La tradición —en el sentido que Palma la ha impuesto en el mundo literario— es flor de Lima. La tradición cultivada fuera de Lima y por otra pluma que no sea la de Palma, no se da bien, tiene poco perfume, se ve falta de color. Y es que así como Vicuña Mackenna fue el primer santiaguino de Santiago, Ricardo Palma es el primer limeño de Lima.

Me despedí de él con pena. ¡Quién sabe si volveré a verle! Y ya en el coche, que volaba camino del hotel, donde tenía que ver a Eloy Alfaro, con los ojos entrecerrados, y satisfecho de mi visita, sonreía al pensar en que el ogro no era como me lo pintaba mi amigo el chileno, y guardaba con orgullo en mi memoria, para conservarlo eternamente, el recuerdo de aquel viejecito amable, de aquel buen amigo, de aquel glorioso príncipe del ingenio.

Guatemala, 1890.

Ricardo Palma
Francisco Sosa

El nombre de Ricardo Palma no es desconocido en nuestro país. Hace unos veinte años que en los periódicos de esta capital y en los de los estados se vienen reproduciendo sus bellas poesías y sus inimitables *Tradiciones peruanas*. Recuerdo bien que allá por el año de 1872, cuando por iniciativa mía se estableció la edición dominical del Federalista en forma de cuaderno, uno de los atractivos que ofreció aquel semanario era la inserción frecuente de las regocijadas producciones del distinguido escritor limeño. Con vivo interés aguardaba yo la llegada de los correos de Sudamérica, empuñando las tijeras de que el señor Bablot quería que se hiciese el menor uso posible, y buscaba una nueva tradición para halagar, reimprimiéndola, a los lectores, bien numerosos por cierto, de aquel semanario. Y no pasaban muchos días sin que a su vez los mejores periódicos de los estados diesen cabida a aquellas amenísimas narraciones, sin decir, por supuesto, que del Federalista las copiaban.

Pasaron los años; el periódico del señor Bablot dejó de publicarse, y otros se encargaron de continuar aquella tarea, con gran contentamiento de los admiradores de Ricardo Palma, que lo son cuantos han saboreado alguna vez sus fáciles, entretenidos e intencionados escritos.

Esta predilección, no entibiada ni en épocas de combate para la prensa mexicana, tiene razón de ser. Las *Tradiciones peruanas*, sobre abundar en las galas del bien decir, encierran para nosotros un mérito que se impone: el de ser un vivo reflejo de las costumbres mexicanas en tiempo de la dominación española; a tal punto, que un plagiario podía habérselas apropiado, cambiando únicamente los nombres de lugar y los de ciertos personajes. Pueblos de idéntico origen el peruano y el mexicano, es poco menos que imposible encontrar desemejanza entre las costumbres de la capital de la Nueva España y las de la ciudad de los reyes. Frailes, monjas, virreyes, luchas entre las potestades civil y eclesiástica; procesiones y autos de fe; naos que llegan de tarde en tarde; duelos por la muerte de un soberano, y fiestas y jiras por la coronación de otro; fechorías de los piratas o filibusteros que infestaban las costas por el Atlántico y por el Pacífico, y ruidosos capítulos conventuales: he ahí los datos que las viejas crónicas del Perú y de México ofrecen por canevá para bordar las flores de la leyenda que transporta al desocupado lector a los monótonos días del coloniaje; monótonos sí, pero poéticos, merced al misterioso encanto que ejerce en nuestro espíritu cualquiera tiempo pasado.

No tengo, pues, necesidad de ser difuso, hoy que inauguro una serie de estudios acerca de los escritores y poetas sudamericanos, con el relativo a Ricardo Palma. Le conocen bien los mexicanos por sus obras, y lo que me incumbe principalmente es dar ligeras noticias biográficas, que servirán, cierto estoy de ello, para que le estimen más los que hoy le aplauden sin conocer en toda su extensión los servicios que a las letras latinoamericanas y a las ideas liberales ha prestado el popular narrador de las *Tradiciones peruanas*.

Nació Ricardo Palma en la ciudad de Lima el día 7 de febrero de 1833. Educóse en el Convictorio de San Carlos, del que salió en 1853, después de haber cursado con aprovechamiento notable la Jurisprudencia; y el que debiera haber sido abogado, convirtióse, por extraño modo, en marino. Por eso Cortés en su diccionario biográfico americano le llama «poeta y marino peruano» con gran extrañeza de los que ignoran que en la Armada de su país prestó sus servicios como contador o comisario de diversos buques, hasta que en 1860, y a causa de una de esas revoluciones que tan frecuentes eran en el Perú como en México hasta hace poco, fue desterrado a Chile. Allí permaneció unos tres años dedicado al periodismo con aplauso del pueblo chileno.

Cambiado el gobierno, regresó Palma a su patria a fines de 1863, y pocos meses más tarde emprendió viaje a Europa y Estados Unidos. Nombrado cónsul general del Perú en el imperio del Brasil, con residencia en el Pará, el rigor del clima le obligó a renunciar el puesto, y volvió a Lima, donde el combate del 2 de mayo de 1866 lo encontró sirviendo la jefatura de sección de uno de los ministerios. Año y medio más tarde fue secretario general del caudillo revolucionario coronel Balta, a quien acompañó en los trances más difíciles. Triunfante la revolución y convertido Balta en presidente constitucional de la República, el nuevo jefe del Estado confióle el despacho de su secretaría particular, puesto en el que permaneció cuatro años, siendo a la vez durante tres legislaturas senador por el departamento de Loreto.

Después de 1873, en que Palma cesó de ser miembro del Congreso, se alejó por completo de la política, consagrándose exclusivamente a las letras. Pero este alejamiento no fue tanto que le impidiera servir a su país en la prensa y en los reductos de Miraflores, en los luctuosos días de la guerra con Chile.

La victoria del ejército chileno fue verdaderamente desastrosa para Palma, pues su hogar, una bonita casa de campo en Miraflores, fue presa del incendio. Allí perdió el hombre de letras una rica biblioteca americana de más de cuatro mil volúmenes.

Hecha la paz con Chile, el gobierno del general Iglesias nombró a Palma para que reorganizase, o mejor dicho, para que crease la Biblioteca Nacional, que había sido saqueada por la soldadesca. Palma puso en juego sus relaciones personales y su reputación literaria en el extranjero para obtener donativos de libros, y antes de cuatro años logró catalogar treinta mil volúmenes en estantes que recibiera con espesa capa de polvo y sin un solo libro. Sin gasto para el tesoro peruano en la adquisición de obras, la Biblioteca de Lima llama ya la atención del viajero. El señor Palma como director de biblioteca sigue prestando a su nación y a las letras servicios de inconmensurable valor.

Pero ya es tiempo de que echemos rápida ojeada sobre sus producciones literarias.

En 1863 dio a la estampa su primer libro: Anales de la inquisición de Lima, libro que, como dice uno de los biógrafos de Palma, saludó entonces la prensa sudamericana con merecidos elogios, y que hoy buscan los escritores liberales como una verdadera joya muy digna de conservarse entre los documentos históricos de su clase.

En 1865 publicó en París la colección de composiciones poéticas intitulada Armonías, en 1870 las Pasionarias y en 1877 los Verbos y gerundios, que reunidas acaba de dar a la estampa con otras que ha dividido en las secciones «Juvenilia», «Cantarcillos», «Traducciones» y «Nieblas», formando un volumen de 500 páginas, que lleva por vía de prólogo un notable estudio anecdótico sobre los poetas peruanos, bajo el título de La bohemia limeña de 1848 a 1860, confidencias literarias.

La aparición de cada una de esas obras de Ricardo Palma ha sido saludada por el aplauso de los cultivadores de las buenas letras en todos los pueblos en que se habla el hermoso idioma de Quintana y Valera.

Don Luis Benjamín Cisneros, inspirado poeta académico, hace observar en el prólogo que escribió para las Pasionarias de Palma en 1870 que casi no hay en toda la cadena de repúblicas que baña el Pacífico un solo nombre literario que no sea al mismo tiempo un nombre político, y en comprobación agrega, refiriéndose al bardo peruano, lo siguiente, que creo oportuno reproducir, porque da una idea exacta del carácter de Palma: «Comenzó, dice, por cantar las glorias de la patria en la epopeya de la Independencia, y el sentimiento patriótico le llevó a apasionarse de las teorías liberales. El amor a la libertad se encarnó en su organización psicológica. Palma pensó, amó, sintió, aspiró, escribió, cantó, suspiró, combatió y sucumbió o triunfó por el principio de libertad. Soldado más o menos prominente, más o menos oscuro en las filas de sus correligionarios, en todas circunstancias de su vida fue leal, impertérritamente leal a su bandera. Ni las persecuciones, ni las enemistades gratuitas, ni los destierros, ni la pobreza, ni los desengaños, ni los dolores íntimos, nada ha podido debilitar la fe de su alma, la valentía de su palabra, la energía de su pluma».

Hablando después el mismo señor Cisneros de las poesías de Palma, que califica de hermosas y escritas bajo las impresiones siempre fogosas del amor a la patria y a la libertad, se expresa así: «Pero no es solo la cuerda ronca, sonora y vigorosa del entusiasmo la que vibra en el arpa del poeta, ni es ella, a nuestro juicio, la que templa cuando arranca de su corazón los mejores cantos. Apreciamos más en Palma la dulce y amena galantería, su sencilla y graciosa fecundidad para con las bellas, su florida y cortés amabilidad, su filosofía rápida, casta, suave, a veces lóbrega, siempre verdadera, siempre melancólica».

El eminente escritor argentino don Juan María Gutiérrez, juzgando los Verbos y gerundios, dijo lo siguiente: «Palma, bajo la capa de una chanza ligera, de un buen humor abundante y agudo, de una filosofía de manga ancha, esconde un odio instintivo a lo convencional, a lo trillado, a lo fingido, al plagio del sentimiento. Su poesía, más que desesperada como la de Byron, es cáustica y sin hipocresía como la del alemán Heine, a quien imita a menudo. Él ha caracterizado así la retórica y la estética de sus simpatías:

Forme usted líneas de medida iguales,
y luego en fila las coloca juntas
poniendo consonantes en las puntas.
—¿Y en el medio?— ¿En el medio? ¡Ese es el cuento!
Hay que poner talento.

«Todo el libro de Hermosilla sobre el arte de hablar en verso no es tan buen consejero como este epigramático concepto de Palma, al cual se ajusta invariablemente.

«Hay a veces en la poesía de Palma (¿cómo no, si es hombre?) ayes de sensibilidad, efusión de afectos; pero nunca lluvia de lágrimas, ni tronada de lamentos remedados, como en el teatro, con hilos de oropel y con tiestos huecos. Huye de esas falsas ilusiones que reproducen las mentidas profundidades de la idea, aparatos deslumbradores que agigantan lo que es microscópico y enano; ilusiones parecidas a las que causa el espejo de un pequeño gabinete que, reproduciendo la miniatura, la prolonga haciéndonos creer que estamos en un palacio. Los versos de Palma de ninguna manera se parecen a esas pinturas en pequeñísima dimensión, que se esconden en el arco de un anillo mujeril y, miradas al través de un vidriecillo prismático, aparecen grandes como los frescos de la capilla Sixtina».

Pero baste lo expuesto, con relación a las obras poéticas del fecundo escritor peruano, y veamos con cuánta justicia sus Tradiciones le han colocado entre los más egregios prosistas de nuestra época.

¿Qué son las *Tradiciones*? Son leyendas breves en las que no se pueden señalar claramente cuáles son los lindes que separan la historia de la novela. Simón Camacho, escritor distinguido, las define muy bien en las siguientes líneas: «Las Tradiciones, dice, son miniaturas cuya belleza no consiste en el tamaño, pues no aspiran ellas a proporciones colosales, sino en el parecido de la persona, que aun vista por la parte ancha del anteojo, al llegar al foco es de todos conocida, por el trasunto que es y lo hábilmente pintada; en lo característico de la escena, que si no pasó debió pasar así y como lo dice el escritor; en los accesorios, que caen tan en sazón, que no traídos sino nacidos parecen sobre la pintura; en el color de los tiempos, que a nosotros nos es tan difícil encontrar, y que un poco de costumbre y una dosis colmada de talento se me figura que apiñaran facilidades para ofrecérselo a quien tiene la vena inagotable para dar y prestar; sabor tan puro, tan castizo, que falta no tiene, ni jamás sale sin afamado bouquet del vino que encierra mil encantos de imaginación para los buenos bebedores, aun desde antes que el líquido les proporcione la sensación material con que en gustarlo se deleitan».

Véase, además de lo dicho, el juicio crítico que anteriormente publicamos, suscrito por don Miguel Cané, eminente prosista argentino, uno de los autores sudamericanos que con más elegancia escriben y con más refinado gusto juzgan las obras ajenas.

Pongo punto final a las citas de las autoridades literarias que han encarecido los merecimientos del incansable narrador peruano, porque de continuar, acabaría yo por formar un libro. ¡Tanto así se ha dicho en su elogio! Tengo para mí que una de las cualidades más excelentes que brillan en las Tradiciones de Ricardo Palma, es la exuberante manifestación que en ellas hace de la riqueza y galanura de la habla castellana. La posesión absoluta que tiene él del idioma, solo es comparable a la que demuestra Bretón en sus obras. Y es tan terso su estilo, tan grande su afluencia y tan fácil su expresión, que no creo que haya quien sienta cansancio o fatiga leyendo días enteros sus Tradiciones, que son, hasta el presente, en número muy próximo al tercer centenar.

Palma es miembro de las Reales Academias Española y de la Historia, en la clase de correspondiente, y a él se debe la instalación de la del Perú que, con gran solemnidad, se inauguró en Lima el 30 de agosto de 1887, pronunciando él el discurso de orden, pieza importante porque contiene noticias por todo extremo curiosas sobre la historia de las letras en el Perú.

Ricardo Palma tiene muchas simpatías por México y por los escritores mexicanos. Con varios de éstos se halla en frecuente y cariñosa correspondencia epistolar, y en el tomo de sus Poesías, publicado hace poco, figuran algunas dedicatorias a sus amigos mexicanos. En la Biblioteca Nacional de su patria ha logrado reunir gran número de obras publicadas en México, y no omite esfuerzo por enriquecer esa colección. Sirva esta noticia para aumentar, si cabe, la alta estimación que aquí se le tiene.

México, 1889.

Libros a la carta

A la carta es un servicio especializado para
empresas,
librerías,
bibliotecas,
editoriales
y centros de enseñanza;
y permite confeccionar libros que, por su formato y concepción, sirven a los propósitos más específicos de estas instituciones.

Las empresas nos encargan ediciones personalizadas para marketing editorial o para regalos institucionales. Y los interesados solicitan, a título personal, ediciones antiguas, o no disponibles en el mercado; y las acompañan con notas y comentarios críticos.

Las ediciones tienen como apoyo un libro de estilo con todo tipo de referencias sobre los criterios de tratamiento tipográfico aplicados a nuestros libros que puede ser consultado en Linkgua-ediciones.com.

Linkgua edita por encargo diferentes versiones de una misma obra con distintos tratamientos ortotipográficos (actualizaciones de carácter divulgativo de un clásico, o versiones estrictamente fieles a la edición original de referencia).

Este servicio de ediciones a la carta le permitirá, si usted se dedica a la enseñanza, tener una forma de hacer pública su interpretación de un texto y, sobre una versión digitalizada «base», usted podrá introducir interpretaciones del texto fuente. Es un tópico que los profesores denuncien en clase los desmanes de una edición, o vayan comentando errores de interpretación de un texto y esta es una solución útil a esa necesidad del mundo académico.

Asimismo publicamos de manera sistemática, en un mismo catálogo, tesis doctorales y actas de congresos académicos, que son distribuidas a través de nuestra Web.

El servicio de «libros a la carta» funciona de dos formas.

1. Tenemos un fondo de libros digitalizados que usted puede personalizar en tiradas de al menos cinco ejemplares. Estas personalizaciones pueden ser de todo tipo: añadir notas de clase para uso de un grupo de estudiantes, introducir logos corporativos para uso con fines de marketing empresarial, etc. etc.

2. Buscamos libros descatalogados de otras editoriales y los reeditamos en tiradas cortas a petición de un cliente.